Marina Weisband

Frido Mann

Was uns durch die Krise trägt

Marina Weisband
Frido Mann

Was uns durch die Krise trägt

Ein Generationengespräch

wbg Theiss

Die Deutsche Nationalbibliothek verzeichnet diese Publikation
in der Deutschen Nationalbibliografie;
detaillierte bibliografische Daten sind im Internet über
www.dnb.de abrufbar.

wbg Theiss ist ein Imprint der wbg.

Die Herausgabe des Werkes wurde durch die Vereinsmitglieder
der wbg ermöglicht.
Gestaltung und Satz: Anja Harms, Oberursel
Umschlagabbildungen: Marina Weisband © Sharon Adler;
Frido Mann © Wolfgang Schmidt
Umschlaggestaltung: Andreas Heilmann, Hamburg
Gedruckt auf säurefreiem und alterungsbeständigem Papier
Printed in Europe

Besuchen Sie uns im Internet: www.wbg-wissenverbindet.de

ISBN 978-3-8062-4583-7

Elektronisch sind folgende Ausgaben erhältlich:
eBook (PDF): ISBN 978-3-8062-4592-9
eBook (epub): ISBN 978-3-8062-4593-6

INHALT

EINLEITUNG

Am 7. Juni 2022 trafen sich in Münster eine 35-jährige ehemalige Piraten-Politikerin und ein 81-jähriger Schriftsteller, es trafen sich eine ukrainisch-jüdische Immigrantin und ein nach Deutschland zurückgekehrter Sohn einer der bekanntesten deutschen Emigrantenfamilien, es trafen sich eine Social-Media-Virtuosin und ein Vertreter der Gutenberg-Galaxis, es trafen sich zwei Psychologen – es trafen sich Marina Weisband und Frido Mann.

Die beiden kannten einander als öffentliche Persönlichkeiten, hatten sich aber vorher noch nie persönlich getroffen. Für beide war es ein Heimspiel: für Marina Weisband, die in Münster wohnt, sowieso, aber auch Frido Mann hat lange dort gelebt, studiert und gearbeitet. Das Gespräch, moderiert von wbg-Lektorin Teresa Löwe, kam schnell in Gang. Denn so unterschiedlich die Lebensgeschichten der beiden sind, so sehr eint sie das Engagement für eine lebendige Demokratie.

Die Idee einer Gesellschaft, in der jeder Mensch Verantwortung übernehmen und die gemeinsame Welt aktiv mitgestalten kann, scheint mit unserer derzeitigen Lebensrealität wenig zu tun haben. Wir leben in einer multiplen Krisensituation: Lässt sich die Bedrohung durch den Klimawandel vielleicht noch kleinreden oder beiseiteschieben, bedroht der russische Angriffskrieg auf die Ukraine auf eine sehr viel konkretere Art das friedliche Zusammenleben in Europa, und seine Konsequenzen sind für uns direkt spürbar.

Um mit den aktuellen Herausforderungen umzugehen, ist eine starke und wehrhafte Demokratie gefordert – aber die Realität nicht nur in

Deutschland sieht anders aus: Polarisierung, Demokratiemüdigkeit, das Gefühl, dass »die da oben« sowieso machen, was sie wollen. Wie ist diese Entwicklung zu erklären und historisch einzuordnen – und wie kann man ihr entgegenwirken? Und was kann unsere behäbige und wohlstandssatte Gesellschaft von der jungen ukrainischen Demokratie mit all ihren Problemen und all ihrem Enthusiasmus lernen?

Das Gespräch erschöpfte sich nicht in theoretischen Erörterungen, sondern beide Gesprächspartner griffen immer wieder auf ihre reichen persönlichen Erfahrungen als Zeitzeugen zurück. Marina Weisband zeichnet aus erster Hand ein Bild von der »Orangen Revolution« auf dem Maidan 2004 und dem Euromaidan 2013/2014, das sich in Manchem deutlich von der Darstellung in den deutschen Medien unterscheidet. Die aktuelle Situation in der Ukraine schildert sie sehr differenziert und mit profunder Kenntnis der kulturellen und sozialen Gegebenheiten. Frido Mann greift biographisch auf seine Erfahrungen in der Zeit des amerikanischen Exils und der Nachkriegszeit zurück und nimmt als amerikanischer Staatsbürger immer wieder die aktuelle Situation in den USA vergleichend in den Blick.

Die beiden sprachen über Geschichte und Politik, über gesellschaftlichen Wandel und Spaltungstendenzen in der Gesellschaft, über Probleme und Chancen der Digitalisierung, aber es ging – bei zwei Psychologen im Dialog wahrscheinlich nicht verwunderlich – auch immer wieder ums Individuum. Eine Gesellschaft besteht aus Einzelpersönlichkeiten, und die Stabilität einer Demokratie hängt nicht nur von funktionierenden Strukturen ab, sondern ganz wesentlich auch von den Menschen, die sie tragen. Bei der Diskussion über mögliche Quellen für die Stärke des Einzelnen wurde es schnell sehr persönlich. Es ging um Religion und Rituale, um Herkunft und Familie, um Randgruppen und Communities, um Kunst und Kreativität, um Sprache und Literatur – und um Identitäten jenseits von starrem Schwarz-Weiß-Denken.

Wenn wir als Gesellschaft gut durch die Krise(n) kommen und die Herausforderungen der Zukunft meistern wollen – darüber waren sich beide einig –, müssen wir uns darum bemühen, jeden Einzelnen mitzunehmen.

Und wir sollten möglichst früh damit anfangen und bereits Kindern und Jugendlichen Resilienz und das Gefühl der Selbstwirksamkeit vermitteln. Folgerichtig engagiert sich Marina Weisband als Leiterin des aula-Projekts zur Schülerpartizipation, und Frido Mann arbeitet in Kooperation mit der Friedrich-Naumann-Stiftung mit Schulklassen zum Thema Demokratie. Außerdem ist er als Schirmherr des Trägervereins von »Weltkloster« im interreligiösen und interspirituellen Dialog aktiv. (Genauere Informationen zu den genannten Projekten finden sich auf der folgenden Seite.)

Das scheinen kleine Schritte angesichts der vor uns liegenden großen Aufgaben, aber »Demokratie beginnt im Kleinen«, so Frido Mann, oder in Marina Weisbands Worten: Was im Kleinen anfängt, wird am Ende Geopolitik.

aula (www.aula.de) ist ein von Marina Weisband ins Leben gerufenes Konzept zur digital gestützten Schülerbeteiligung. Alle Schüler:innen einer Schule erhalten Zugang zu einer Onlineplattform, auf der sie eigene Ideen einstellen, diskutieren und abstimmen können. Die Abstimmungen sind verbindlich, der Rahmen vorher vertraglich mit der Schulkonferenz geregelt. Ergänzt wird das Konzept durch regelmäßige Besprechung offline sowie Lehrmaterialien zur Stärkung demokratischer Kompetenzen.

Im Interreligiösen Netzwerk »Trägerverein Weltkloster« (weltkloster.de), dessen Schirmherr Frido Mann ist, haben sich ordinierte und geistliche Repräsentant:innen unterschiedlicher Religionen zum Ziel gesetzt, eine Haltung verbindender Bewusstheit sowie empathischer Wertschätzung in die Gesellschaft zu tragen. Insbesondere in Krisensituationen lässt sich daraus Kraft schöpfen für ein friedlich-pluralistisches und verantwortungsvolles Miteinander gegen Hass, Gewalt und Lüge zur Festigung der gefährdeten freiheitlich-demokratischen Ordnung unserer Gesellschaft. Die Basis der Arbeit im »Trägerverein Weltkloster« bilden Erfahrungsdialoge und traditionelle authentische Übungspraktiken der unterschiedlichen Religionen.

DER WOHLSTANDSSATTE WESTEN

Antisemitismus | autoritäres Denken
| Demokratie in Gefahr | Eigentum verpflichtet
| gefühlter Kontrollverlust | Komplexität
| Konsumgesellschaft | Privatisierung
| Reformpädagogik | soziale Ungleichheit
| Utopien | Wutbürger

DEUTSCHLAND AUF DER COUCH

MARINA WEISBAND

Als ich 1994 mit meiner Mutter und meinem Geschwisterkind nach Deutschland migriert war, ist uns schnell aufgefallen, welchen Stellenwert hier Dinge einnehmen. Welche Art von Tornister besitzt du? Welche Kleidung? Welche Schuhe? Erfolg wurde am eigenen Haus, einer Schrankwand, einem Auto festgemacht. Menschen unterhielten sich mehr über Gegenstände, als wir es gewohnt waren.

Natürlich waren wir das nicht gewohnt. In der Sowjetunion gab es eine Art von Schuhen (eckig), eine Art von Käse (dröge) und gefühlt eine Art von Tapete. Alle hatten irgendwie die gleichen Vasen, die gleichen Teppiche, die gleichen Güter. Es gab zwar eine korrupte politische Klasse, die Zugriff auf weit mehr Importgüter hatte. Natürlich gab es auch einen Schwarzmarkt. Aber Identität konnte man über Gegenstände nicht so richtig bauen. Also entwickelten sich verschiedene andere Messlatten, anhand derer man sich mit anderen verglich. Man versuchte, sich durch Kochen, durch Belesenheit, als Gastgeber, als Bastler oder als besonders fleißiger Arbeiter seinen Wert zu erarbeiten und diesen zu demonstrieren. Diese Maßstäbe waren nicht unbedingt besser oder schlechter als die westlichen. Sie waren nur deutlich weniger materialistisch.

Mein Geschwisterkind und ich waren am extremen Ende dieser Skala. An Gegenständen hingen wir gar nicht. Vielleicht, weil wir in einem prägenden Alter buchstäblich alles zurücklassen mussten, was wir besaßen. Vielleicht auch aus der Prägung durch unsere Mutter heraus. Wie wenig Wert wir auf Dinge legten, zeigte sich daran, dass unsere Mutter uns mehrfach nicht nur damit drohte, all unser Lego wegzugeben, wenn wir unser Zimmer nicht aufräumen – sondern sich mehrfach gezwungen sah, diese Drohung umzusetzen. Wir waren durch Dinge weder zu belohnen noch zu bestrafen. Wir hingen an anderem.

An den ersten Abenden im Bett der Notwohnung in Dortmund, als unsere Mutter sich weinend an uns festhielt, waren es Lieder und Bücher, an denen wir uns gemeinsam festhielten. Einige der Kinderbücher hatten wir gar nicht dabei; ich kannte sie auswendig. Ich habe dann auch viel gezeichnet. Feen und Prinzessinnen. Durch die Flucht in die Fantasie konnte ich den Alltag leichter meistern. Da ich auf Sozialhilfe war und keine Markenklamotten hatte, habe ich eine Weile versucht, mich durch gute Noten in der Schule beliebt zu machen. Wie jeder deutsche Leser sich vielleicht denken kann, hat das nicht gut funktioniert. In der Schule meiner Mutter war das anders gewesen.

Auch heute schöpfe ich meine Selbstachtung aus meinen Talenten, aus dem Schneidern, Dichten, Malen, Sprechen, Schreiben. Aus meinen Zielen und den Verbündeten, die ich dafür habe. Ich bin ein glücklicher Mensch. Denn all dies kann mir nicht genommen werden. Auch dann nicht, wenn die Energie mehr kostet. Wenn ich eine kleinere Wohnung mieten muss. Nicht weit weg in den Urlaub fahren kann. Und kein Auto besitze.

Anders ist das bei Menschen, die ihr Selbstbild stärker aus den Dingen ziehen, die sie besitzen. Nichts daran ist falsch. Es ist völlig legitim, sein Bild daraus zu konstruieren oder sich in dieser Dimension mit anderen zu vergleichen. Fremd ist das wohl niemandem. Allerdings wird es zum Problem, wenn der Lebensstandard fällt.

Westliche Gesellschaften, Deutschland im Speziellen, erlebten nach dem Krieg eine völlige Ausnahmezeit. Die Wirtschaft boomte, und das Leben wurde von Generation zu Generation besser. Menschen, die teils im Krieg alles verloren hatten, waren glücklich, Besitz ansammeln zu können. Jedes Jahrzehnt war reicher als das nächste. Da immer mehr produziert wurde, musste immer mehr verkauft werden. Und weil irgendwann alle erdenklichen Bedürfnisse befriedigt waren, mussten neue Bedürfnisse erfunden werden. Diese Funktion übernahm in erster Linie die Werbung. Seit den

1960ern denkt sie sich fleißig Probleme aus, die vorher niemand hatte, und verkauft gleichzeitig die Lösung. Anders kann ich mir die Existenz des Apfelentkerners in deutschen Küchen nicht erklären. Im Fernsehen sah man in die Wohnzimmer der anderen Leute. Man sah genau, was erstrebenswert war: das Sofa, die Schrankwand, diese Glasschalen, die aussehen wie Blätter. Individuelle Freiheit wurde in Aluminium gegossen und in Form von Automobilen verkauft. Der Urlaub auf Mallorca oder generell im Süden gehörte einfach zu einem erfolgreichen Leben dazu. Und es wurde immer besser und besser.

Bis jetzt. Die Millennials waren die erste Generation, denen es schlechter ging als ihren Eltern. Und es steht zu erwarten, dass Generation Z es nochmals schwerer haben wird. Es sieht nicht danach aus, als seien die Wirtschaftskrise von 2008/2009, die Corona-Pandemie oder die Energiekrise singuläre Stolpersteine auf dem Weg in eine immer bessere Zukunft. Die Wahrheit ist, dass westliche Gesellschaften lange weit über ihre Verhältnisse gelebt haben. Ich kann auch jeden Tag besser leben, wenn ich mir zunehmend große Summen von der Bank leihe. Das Problem ist, dass ich die Kredite irgendwann bedienen muss. In Deutschland haben wir uns CO_2-Ausstoß von der Zukunft unserer Kinder geliehen. Wir haben billiges Gas bezogen auf Kosten unserer politischen Unabhängigkeit und Sicherheit. Wir haben gespart an Kosten für Infrastruktur. Und es ging gut. Eine Weile. Jetzt müssen wir aber bezahlen. Der Lebensstandard muss sich einpendeln auf ein nachhaltiges Maß – eben auf das, was wir uns real leisten können.

Leider war die gute Zeit genau lang genug, dass sich eine ganze Gesellschaft daran gewöhnen und ihr Wertesystem an dem materiellen Lebensstandard ausrichten konnte. Wenn man sein Selbstbild daraus bezieht und dieser Lebensstandard fällt, dann trifft das Menschen in ihrem Kern. In ihrem Selbstverständnis. Die Konsequenz wird Wut sein. Verzweiflung. Verwirrung. Ob wir das als Gesellschaft, als Demokratie überleben, hängt davon ab, ob wir es schaffen, unser Selbstbild durch etwas anderes zu konstruieren. Ob wir andere Werte für uns entdecken können.

In den jüngeren Generationen sieht man bereits einen Weg hin zu weniger materiellen Werten. Nachhaltigkeit und faire Produktionsbedingungen sind bei Kaufentscheidungen immer wichtiger. Burger King eröffnet eine vegetarische Filiale, was vor zehn Jahren nicht denkbar gewesen wäre. Menschen versammeln sich um ideelle Werte. Aber eben nicht alle. Wird es genug sein?

Ich würde so gern mit jedem einzelnen Menschen in Deutschland sprechen und lange daran arbeiten, was im eigenen Leben gut ist und Halt gibt. Wie gegenseitige direkte Hilfe ein Weg ist, das eigene Selbstbild und die Gemeinschaft zu stärken. Wie wir Trost und Wert in einander finden können. In unseren Talenten und in Liedern und Geschichten. In unseren Kommunen und Vereinen. Jahrzehnte der neoliberalen Ideologie haben uns vereinzelt oder isoliert in Kernfamilien zurückgelassen. Viele kennen ihre Nachbarn nicht mal namentlich. Als erstrebenswert wurde uns wieder und wieder der Konsum angepriesen. Und jetzt müssen wir nichts Geringeres vollziehen als den Rollenwandel vom Konsumenten zum Gestalter unserer eigenen Gesellschaft. Das wird schwer. Aber ob eine Demokratie überlebt, hängt genau von diesem Wandel ab.

Frido Mann: Wenn ich die Lage der Demokratie in Deutschland beschreiben soll, die Gefährdungen unserer Demokratie, möchte ich zunächst auf die Weimarer Republik zurückblicken, auf ihr Verhaftetsein in einer autoritären Denkweise. Der Rahmen war ja wunderbar – die Gesetzgebung und die ganzen Strukturen, die geschaffen worden waren –, aber die Menschen, die dann Projekte wie z. B. das Frauenstimmrecht umsetzen sollten, waren noch nicht so weit. In Verwaltung, Militär, Gerichten saßen Altjunker aus der Kaiserzeit, die noch darunter litten, dass Deutschland den Krieg verloren hatte, denken Sie an die Dolchstoßlegende. An dieser Inkompatibilität zwischen Strukturen und der vorherrschenden Mentalität ist das Ganze gescheitert.

Was unsere Bundesrepublik betrifft, so habe ich vor vielleicht zehn Jahren mit einem Germanisten gesprochen, der war damals schon sehr alt und konnte sich noch an die Nazi-Zeit erinnern, die er als Kind erlebt hatte. Der sagte, er würde immer noch zusammenzucken, wenn er irgendeinen Beamten in Uniform sähe, und wenn es nur ein Postbote sei – eben weil Uniformierte in der Nazizeit eine Gefahr waren.

Ich glaube, das ist immer noch ein bisschen so. Auch Menschen, die sich als Demokraten verstehen, die sich in einem demokratischen System gut fühlen und sich damit identifizieren, kleben immer noch an einem hierarchischen Denken. Diese Tendenz zur Unterwürfigkeit gegenüber Höherstehenden ist immer noch nicht überwunden. In der Schweiz ist das anders. Da gibt es andere Probleme, aber das nicht. Auch Titel sind dort nicht so wichtig wie in Deutschland. Das hat immer noch etwas zu tun mit dem Verhaftetsein in Strukturen, die nicht demokratisch sind – ohne dass die Menschen sich dessen bewusst sind.

Das sind also unterschwellige Dinge, die Deutschland immer in einer gewissen Weise prägen. Und es ist auch ein Generationenproblem, die älteren Leute haben das stärker in den Knochen. Ich frage mich, wie man dagegen vorgehen könnte.

Marina Weisband: Wir haben viel Untertanendenken überwunden über die Generationen. Aber wir schaffen gleichzeitig neue Untertanenbedingungen. Es ist schwer, diese größere Gleichheit und Selbstwirksamkeit zu erreichen, wenn man in unterbezahlter Arbeit feststeckt, wenn man sich völlig machtlos und überflüssig fühlt. Darum ist eine der großen Gefahren für die Demokratie auch immer die größer werdende Schere zwischen Arm und Reich.

Das ist eine Frage von Sozialpolitik, und das ist eine ganz knallharte politische Frage, da reicht Nachbarschaftshilfe nicht aus. Direkte Hilfe ist super und notwendig, aber gleichzeitig darf man nicht die große Politik aus den Augen verlieren, darf man nicht aufhören zu kämpfen für soziale Gerechtigkeit.

FM: Das Verschwinden des Mittelstandes ist ein Problem.

MW: Zeiten des Umsturzes und Zeiten von Verschwörungstheorien sehen wir historisch ja immer dann aufflammen, wenn großer Reichtum sehr sichtbar, aber gleichzeitig unerreichbar ist. In solchen Zeiten leben wir gerade.

Dieses Ungleichgewicht ist auf mehreren Ebenen schrecklich. Erstens verstärkt es sich selbst, weil Geld mehr Geld schafft. Zweitens schafft es diesen sozialen Neid und das Gefühl von »ich bin nichts wert«. Und drittens sind natürlich die reichen Leute auch diejenigen, die sich völlig unproportional planetare Ressourcen nehmen, die dann einem anderen fehlen und die uns eine Zukunft des Friedens und des Wohlstands verunmöglichen.

FM: Wir reden derzeit viel über Oligarchen, aber wir reden nicht so sehr über andere Superreiche, die genauso oder anders ebenfalls eine Gefahr darstellen, weil sie häufig Absichten gegen den Staat haben, gegen die Sozialpolitik.

MW: Natürlich haben die allerreichsten internationalen Unternehmen Absichten gegen den Staat, denn sie sind mächtiger als der Staat, und wenn der Staat ihnen nicht in die Quere kommt, könnten sie noch mächtiger werden. Also handeln sie quasi aus Eigeninteresse antidemokratisch.

Gerade im deutschen Kontext gibt es da einen wichtigen Faktor. Wenn ich mir so die reichsten Familien anschaue, woher die ihr Geld haben, denke ich: Auch meine Familie hätte ein Erbe haben können. Aber Familien wie meine haben oft für die reichsten deutschen Familien Zwangsarbeit geleistet. Meine Mutter sieht einfach der Altersarmut entgegen, wie die meisten Kontingentflüchtlinge in Deutschland. Das ist die bittere Realität: Die meisten Juden in Deutschland sehen einer Altersarmut entgegen. Ungerechtigkeit vererbt sich mit Gelderbe. Das sind diese Ungerechtigkeiten, die viel schwerer zu beheben sind als durch das Niederlegen von Blumenkränzen. Das ist die knallharte Realität.

Darum bin ich auch so skeptisch bei der Frage: Könnten Unternehmen nicht auch moralisch handeln? Ich glaube, nicht, ich glaube, da darf man nicht naiv sein. Die Anreizstrukturen sind so, dass Unternehmen nicht moralisch können.

FM: Da muss man sie vielleicht umwandeln. Man sieht ja z.B. bei Wohnungsbaugenossenschaften, die wirklich Genossenschaften sind, dass eben nicht die Ansage kommt: Wir erhöhen jetzt die Mieten. Es gibt ja die Möglichkeit zum Genossenschaftstum und so einen Gründungsboom auf kleinerer Ebene – aber das ist halt nicht da, wo das Kapital ist.

MW: Viele Themen wirken riesig und unüberwindbar, und sie erzeugen bei Menschen wie mir extremen Frust. Es gibt Jugendliche, die kämpfen gegen den Klimawandel, andere gegen steigende Mietpreise, wieder andere gegen ein ungerechtes Steuersystem. Und man hat das Gefühl, gegen Windmühlen zu kämpfen, man hat das Gefühl, einem völlig übermächtigen Feind gegenüberzustehen und gar nichts ausrichten zu können. Es sind so viele Baustellen, es gibt so viel, was so falsch läuft in der Welt.

Darüber verliert man dann oft das Große. Aber mein Plädoyer, Blumen zu pflanzen oder öffentliche Räume zu schaffen oder in der Schule mitzubestimmen, darf auf gar keinen Fall gewertet werden als ein Rückzug in diese Themen. Sondern ich glaube, dass auch die großen politischen Themen klein anfangen, und ich glaube, es sollte die Aufgabe von jedem von uns sein, ein Projekt rauszusuchen, ein Thema: ein Wald, der stehen bleiben muss, eine Enteignungs-Demo einer großen Immobiliengesellschaft, ja, ein Ding, nur eins. Man tut sich mit anderen Menschen zusammen, die an dieser einen Sache arbeiten. Man muss klein anfangen, um nicht desillusioniert zu werden, und es ist die Beständigkeit, die wichtig ist – nicht, dass man mit großer Kraft rangeht und alles umschmeißt, was gewesen ist.

Wie beim Kampf für Bürgerrechte, wie bei der Aufklärung, wie beim Kampf um die Demokratie an sich. Es gab so viele Rückschläge, und es gab so viele Menschen, die dagegen waren, scharfes Interesse hatten, dagegen zu sein. Wichtig ist die ständige gemeinsame Arbeit, ständiges Einander-wieder-Aufbauen, Einander-Heilen, Einander-Mut-Machen, auch durch die Kunst, die dabei produziert wurde, die Musik, die dabei produziert wurde, den Glauben, den es dazu gab. Es ist so wichtig, immer weiterzumachen, auch wenn man scheitert, und noch mal anzufangen und noch mal, bis man entweder Erfolg hat oder stirbt.

FM: Eine Person, die ich menschlich überaus schätze, hat ihren Job gewechselt und ist, angesichts des sehr anderen Geisteshintergrunds ihrer vorherigen Arbeitsstelle für mich etwas erstaunlich, in die Krupp-Stiftung eingestiegen, an hoher Stelle. Sicher gibt es in der Stiftung Menschen, die es gut meinen, aber ein Unternehmer mit besten Beziehungen zum NS-Staat, der von Zwangsarbeit profitiert hat, der sogar nach dem Krieg inhaftiert war, der Verbrechen begangen hat – dann eine Stiftung zu gründen? Was kann denn da noch Gutes dran sein?

MW: Gib dein Geld ab!

FM: Gerade Krupp! Ich denke an ein Stück Mann'sche Familiengeschichte: Die Familie Krupp, die hatte das Gefühl, man muss Alfried von Krupp ein bisschen reinwaschen, da muss man doch irgendjemanden finden, der die Geschichte etwas beschönigt. Mein Onkel Golo erzählte mir, dass die Familie Krupp bei ihm eine Biografie in Auftrag gegeben hatte, und da hat er eine geschrieben. Und als er die abgegeben hatte, haben die ein Haar in der Suppe gefunden, irgendeine Stelle, wo er gewagt hatte, ein bisschen Kritik zu üben. Ich weiß nicht, was er da gesagt hat, es muss aber sehr klein und unwichtig gewesen sein. Aber die Familie wollte nicht, dass das an die Öffentlichkeit kommt, sie haben Golo fürstlich ausbezahlt, damit er still bleibt – und weg, das Buch ist verschwunden. Das war in den 1980er-Jahren. Fast vierzig Jahre später hat sich die Krupp-Stiftung zusammen mit dem Auswärtigen Amt und anderen namhaften deutschen Stiftungen am Stipendiatenprogramm in dem 2016 von der deutschen Bundesregierung erworbenen Thomas Mann House in Kalifornien umfangreich finanziell beteiligt. Ich selbst habe als Honorary Fellow und auf meiner Lesereise durch die USA davon profitiert.

wbg: Zum Glück haben wir heute etwas andere Zeiten. Aber auch wenn die Aufarbeitung vielleicht ein bisschen besser ist, bleibt das Grundproblem.
MW: Aufarbeitung hin oder her, Bücher hin oder her – letzten Endes: Erbe vererbt Verbrechen. Es vererbt die Sklaverei und deren Raub, es vererbt die Schoa und deren Raub. Erbe vererbt Verbrechen.
FM: Immer, wenn es an die Eigentumsfrage geht, wird es ungemütlich.
MW: Aber das ist halt das Ding. Ich möchte über diese Themen reden: Wem gehören eigentlich die Plattformen? Die öffentlichen Plätze im Internet, wem gehören eigentlich die Kabel, die uns miteinander verbinden, auf denen die Bankgeschäfte laufen, der gesamte Handel läuft, alle Informationen, aller Austausch? Wem gehören diese Kabel, und warum gehören die eigentlich nicht uns?
FM: Oder wenn man PayPal erfindet, angeblich weil es praktisch ist, und damit hat man auch diese nicht so ganz unabsichtliche Kontrolle über das Geld. Oder die Privatisierung von Bildung.
MW: Ich bin ja eigentlich auch kein Fan davon, alles staatlich zu machen. Meine Utopie liegt stärker im Anarchismus, aber das darf ich nicht so laut sagen. Tendenziell bin ich weder Fan von einzelnen ungewählten Milliardären, die Macht haben, noch bin ich Fan von einem Staat, der Macht in allem hat. Ich bin Fan dezentraler Strukturen, die diejenigen Menschen besitzen, die sie auch nutzen.
FM: Beim Geld ist es ja schon eine interessante Frage, wie man's macht. Wir stehen vor einer neuen Form, aber das wird sicher keine Anarchie, sondern eher eine Privatisierung.
MW: Das wird eine Privatisierung, das ist halt das Ding. Jeder könnte sich aufs Dach eine Solaranlage schnallen und seine eigene Energie beziehen. Erneuerbare Energien sind grundlegend demokratisch in ihrem Wesen. Öl und Gas sind in ihrem Wesen diktatorisch, denn es gibt Gatekeeper, die haben Macht. Es ist ja kein Zufall, dass die ganzen Ölstaaten auch Diktaturen sind. Neue Energien dagegen könnten demokratisch sein, je nachdem, wie wir es zulassen.
FM: Bei der Anarchie als Utopie, da gehe ich sofort mit, bei der Wirklichkeit

allerdings: mehr als im kleinsten Rahmen sehe ich schnell Probleme. Ob man da irgendwann mal weiterkommt?

MW: Ich sehe das in erster Linie als sehr langfristigen Bildungsprozess. Genau wie Marx den Kommunismus postulierte als etwas, das so weit sein könnte, wenn es die entsprechende Technologie gibt. Das heißt, wenn man ein Stück Brot replizieren kann, dann kommt der Kommunismus zurecht. Deswegen gibt es den Kommunismus bei Star Trek: Da gibt es Replikatoren. Wenn man versucht, Kommunismus vorher rauszupressen, dann muss man Leute dafür töten, sonst funktioniert es nicht.

Aber ich bin voll für Utopien, sonst ist es letzten Endes so deprimierend. Wir reden immer über die Verteidigung der Demokratie, und wir müssen sie verteidigen und müssen das Klima schützen – meine Generation muss so eine konservative Haltung einnehmen. Wir sind dazu gezwungen. Wir werden von allen Seiten angegriffen, unsere Zukunft, unsere Aussichten werden angegriffen, und man hat das Gefühl, alles verteidigen zu müssen. Aber die Wahrheit ist: Das, was wir da verteidigen, ist wirklich alles andere als perfekt, und darin liegt ja auch die Wurzel dessen, was uns in diese Misere gebracht hat. Deswegen reicht es nicht, Demokratie zu verteidigen, Demokratie muss wachsen.

FM: Wir müssen sie aufbauen, vom Kleinen her aufbauen.

***

MW: Wir leben in einer Zeit der Veränderungen, und ein großes Problem ist, dass Veränderung Reaktanz schafft, wenn man sie als fremdgesteuert wahrnimmt.

wbg: Den Begriff Reaktanz müssten Sie bitte erklären.

MW: Reaktanz bezeichnet eine Verweigerungshaltung, eine Antihaltung, Widerstand. Und zwar einen ungerichteten Widerstand, dem keine politische Überzeugung zugrunde liegt, keine moralische Überzeugung, sondern einfach nur der Unwille, etwas mitzumachen. Das Dagegenhalten.

FM: Das ist ein Stück weit der Gegensatz zum bekannten Begriff der Resilienz.

MW: Ja, das ist beinahe das Gegenteil von Resilienz. Reaktanz ist einfach nur: Ich weigere mich. »Not in my backyard.« Nein, nicht mit mir! Darauf fußt sehr stark die AfD. Sie punktet bei Menschen, die sehen, dass die Welt globalisiert wird, dass die Welt digitalisiert wird, dass sich Normen und Werte verändern.

Und das vorherrschende Gefühl ist: Ich habe keine Kontrolle. Ich bin dem ausgeliefert. Ich bin ein Opfer meiner Gesellschaft oder bestenfalls ein Konsument meiner Gesellschaft. Aber als Konsument bestimme ich nicht über die Produktpalette. Ich kann nur bestimmen, welche Produkte ich für mich will. Und wenn die Kontrolle im Außen liegt, führt das zu dem Gefühl, dass das nicht meine Gesellschaft ist, sondern die Gesellschaft tut mir Dinge an. Die Mächtigen, »die da oben«. Und auf mich hört keiner. Daraus entsteht das: »Denen da oben zeigen wir es!« Und daraus entstehen auch antisemitische Verschwörungstheorien. Denn wenn ich nicht die Kontrolle über mein Leben habe, wer hat sie denn dann? Da muss es irgendeine Elite im Außen geben, die alles kontrolliert.

Das Gegenteil davon wäre es, sich als Gestalter der eigenen Gesellschaft zu begreifen. Sich zu sehen als jemand, der für die Entwicklung maßgeblich mitverantwortlich ist und sie mit steuert. Dann entsteht keine Reaktanz, weil man es ja selbst gemacht hat.

Ich habe ein Beispiel: Wir haben mit aula, dem Schulprojekt, über das wir ja noch ausführlich sprechen werden, mal an einer Schule Geld gesammelt, und die Schüler durften bestimmen, wie sie das Geld ausgeben. Die fünften und sechsten Klassen haben sich in der physischen Aula ihrer Schule getroffen und haben diskutiert, was sie haben wollen, was sie anschaffen wollen von dem Geld. Da war eine Idee ein Kaugummi-Automat. Zuerst haben alle gesagt: »Yeah, ein Kaugummi-Automat!« Aber dann hat ein Junge gesagt: »Moment, wir dürfen aber überhaupt keinen Kaugummi kauen in der Schule.« Darauf ein anderer: »Wir können ja per aula die Hausordnung ändern, und wir können ja einfach sagen, dass wir Kaugummi kauen dürfen.« Und alle: »Yeah!« Und dann hat ein Mädchen gesagt: »Moment, wenn wir Kaugummi kauen dürfen und alle anderen Schulen in Freiburg nicht, sind bei allen die Tische und Bänke sauber, nur unsere neuen

Tische und Bänke sind verklebt mit Kaugummis. Was sollen denn dann die Leute denken?« Ich fand diese Situation ganz wunderbar: Es war ein immigiriertes Mädchen und das ist ein fantastisches Zeichen der Integration, das Argument »Was sollen denn die Leute denken?«.

Und dann haben diese Fünft- und Sechstklässler diskutiert und sind so nach zehn Minuten zu der Übereinkunft gekommen: »Ja o. k., wir behalten das Verbot, Kaugummi zu kauen.« Das heißt, sie sind genau da gelandet, wo sie am Anfang waren: Kaugummi kauen war verboten, eine unbeliebte Maßnahme. Aber eigentlich sind sie überhaupt nicht da gelandet, wo sie waren, denn jetzt waren sie die Autoren dieser Maßnahme. Und plötzlich hatte sie eine ganz andere Akzeptanz. Und das ist der Unterschied zwischen »ich sehe mich als jemand, der die Macht hat zu gestalten« und »ich sehe mich als jemand, der nicht die Macht hat zu gestalten.

wbg: Sie sprachen eben über Konsumenten und Konsumgesellschaft im Unterschied zu handelnden Subjekten. Die 1970er-Jahre sind zumindest in der Bundesrepublik wohl die Phase, in der die Konsumgesellschaft vollkommen durchgeschlagen ist und wir alle vor allem Verbraucher wurden. Die Gründung der Grünen war ja nicht zuletzt eine Reaktion darauf und auf das Unwohlsein damit.

FM: Je höher die Technologie sich entwickelt, desto gefährlicher wird auch dieser Wohlstand. Nehmen wir als Beispiel nur die Autos, wie sie mit 180 überholen auf der Autobahn und wie gefährlich das ist.

Der mir wichtige Punkt ist: Technologie kann zu einer Riesengefahr werden, wenn die Demokratie entartet im Wohlstand.

MW: Wenn ich sage, Leute begreifen sich als Konsumenten der Gesellschaft, dann ist es ja genau das. Ich bin mit Fernsehwerbung zwischen meinen Cartoons aufgewachsen. Ich wurde als Kind zum Konsumenten erzogen. Wir haben in der Schule immer über Markenklamotten gehört und wer was hat, und wir haben unsere Identitäten auf Markenklamotten gebaut.

Und heute ist das Smartphone das moderne Schlachtfeld des Kapitalismus: Hier versucht alles, mir etwas zu verkaufen oder meine Aufmerksamkeit an Werbetreibende zu verkaufen.

Diese Idee »ich bin Konsument« führt dazu, dass Leute Parteien wie Waschmittel wählen – das ist etwas, was ich beobachtet habe in meiner politisch aktiven Zeit. Sie sagen: »Ja, die SPD ist auch nicht mehr das, was sie mal war. Und die Grünen, na ja, die knicken oft ein. Man kann ja heutzutage gar nichts mehr wählen, es gibt ja nichts mehr, was ich wählen könnte.« Man ist erst unzufrieden und dann sauer auf die da oben, die bieten nichts mehr.

Und jemand, der Konsument ist, ist natürlich hilflos, wenn es kein Produkt gibt, mit dem er zufrieden ist, dann kann er nichts dagegen tun. Wenn ich mich dagegen als Gestalter sehe, fallen mir tausend Möglichkeiten ein: Ich könnte in eine Partei eintreten und sie von innen heraus verändern. Ich könnte mich für mein Thema einsetzen. Ich könnte Demonstrationen veranstalten. Ich könnte eine außerparlamentarische Opposition machen. Ich könnte eine neue Partei gründen. Mir fallen zehntausend Dinge ein, die ich machen kann, um die »Produktpalette« zu gestalten, was ich natürlich gar nicht kann, wenn ich mich nur als Konsument begreife.

wbg: Noch mal zum Stichwort »Reaktanz«: Der berüchtigte »Wutbürger« würde ja auch von sich sagen, dass er etwas macht, dass er protestiert, dass er etwas verhindert, blockiert.

MW: Ich meine, gegen Blockieren kann ich nicht mal was sagen. Manchmal ist es super sinnvoll, wenn zum Beispiel ein Wald gerodet werden soll für eine nutzlose Autobahn. Dann muss man das blockieren, das ist einfach moralische Pflicht. Und ich sehe auch ein, dass verschiedene Menschen verschiedene Anlässe haben zu blockieren, mit denen ich teilweise politisch nicht einverstanden bin.

Die Frage ist dann aber: Was bauen die? Was baut man? Und ich finde, das ist eine sehr interessante Frage, weil Wutbürger politisiert sind. Und ich kann nicht sagen, das ist einseitig schlecht, oder das ist die falsche Art, sich zu politisieren.

wbg: Da hilft vielleicht ein Blick zurück ins 18. Jahrhundert. Als ich mich auf unser Gespräch vorbereitet habe, habe ich mich unter anderem auch mit Rousseau beschäftigt. Einerseits spricht er vom »sozialen Band«, das finde ich ein schönes Bild. Und bei ihm gibt es andererseits auch die berühmte Unterscheidung zwischen dem Mehrheitswillen und der *Volonté generale*, dem Gemeinwillen, der nicht auf den Mehrheitswillen, sondern auf das Gemeinwohl abzielt. Aber der Wutbürger verteidigt normalerweise nicht das Gemeinwohl, sondern seine Eigeninteressen.

MW: Ich finde es nicht immer illegitim, Eigeninteressen zu verteidigen. Aber ich glaube, wir müssen fragen: Was bauen wir genau? Ziehe ich einen Zaun um meinen privaten Wohlstand, dann halte ich das für so kurzsichtig. Wenn ich einen Zaun um meinen privaten Wohlstand ziehe, kann ich diesen Wohlstand nicht halten, weil die Realität nun mal die Vernetzung ist.

Ich verstehe jeden, der davon überfordert ist. Überfordert von der Komplexität einer globalen Vernetzung, von der Komplexität des Phänomens Klimawandel, von der Komplexität von Außenpolitik. Das sind wahnsinnig komplexe Systeme. Man kann nur schwer durchblicken. Und es ist anspruchsvoll zu sagen: »Du musst dir dessen bewusst werden, dass das Auswirkungen auf dich hat. Das kannst du nicht abschalten.« Ich unterhalte mich täglich mit Leuten, die mich fragen: »Was geht mich denn der Krieg in der Ukraine an?«

FM: Eine reichlich unterkomplexe Frage!

MW: Ja, aber kann man ihnen das am Ende vorwerfen? Sie meinen das ehrlich, und ich verstehe jeden, der das sagt, zumal wenn keine politische Kommunikation darüber stattfindet. Das ist, warum ich sage, Scholz muss darüber sprechen. Denn nicht alle Menschen können alle Komplexitäten durchschauen, auch das ist Teil der Realität. Wir sollten aber vielleicht mehr betrachten, was den Großteil der Menschen in die Lage versetzt, Komplexität zwar nicht vollkommen zu durchschauen, aber trotzdem nicht Verschwörungserzählungen anzuhängen.

wbg: Eine Möglichkeit mit überfordernden Komplexitäten umzugehen, ist ein legalistisches Denken. Ist diese Haltung in unserer Gesellschaft vielleicht zu stark vertreten?

MW: Als Immigrantin traue ich mich, das zu sagen: Deutschland ist ein legalistisches Land. Es gibt ja verschiedene Klischees, was Leute tun, wenn sie hingefallen sind. Russen akzeptieren das – dann ist Liegen jetzt eben

DEMOKRATIE UNTER DRUCK

FRIDO MANN

Nach einem halben Jahrhundert erfolgreichem Wiederaufbau der durch Diktaturen und Krieg zerstörten demokratischen Strukturen in West- und später auch in Osteuropa setzte zur Jahrtausendwende eine unsere Freiheit erneut gefährdende Rückwärtsbewegung ein, diesmal zu allem Überfluss ergänzt durch eine weltweit immer schwerer kontrollierbare nukleare Bedrohung. Schon lange vor dem Krieg in der Ukraine hat ein eklatanter Werteverfall eingesetzt, und überall, nicht nur in Russland, säen Nationalisten, Rassisten und Populisten Hass, Gewalt und Lüge. Ist die Demokratie schon an ihrem Ende angelangt? Oder ist sie nur in einer – vielleicht noch überwindbaren – Krise? Und was sind die Ursachen dieser Krise: die Stärke ihrer Gegner oder eher die Schwäche derjenigen, die sie im noch freien Westen verteidigen?

Als ich Ende 2019 von meiner Lesereise durch US-amerikanische Universitäten und Colleges, bei der ich die tiefe politische Spaltung in den USA thematisiert hatte, nach Deutschland zurückkehrte, wurde mir bewusst, dass die Situation in Europa sich zwar anders, aber letztlich nicht weniger gefährlich darstellte. Auch hier hatte sich die allgemeine Demokratiemüdigkeit weiter ausgebreitet, es herrschte Angst vor Überfremdung sowie teils überhöhte, teils aber auch ungerecht verwehrte Versorgungsansprüche der Bürger. Jede europäische Parlamentswahl wurde aufgrund der Angst vor einem Sieg rechtspopulistischer Parteien zur Zitterpartie. Die skandalöse Weigerung mehrerer europäischer Staaten, Flüchtlinge aus Nahost aufzunehmen, flammte wieder auf. Die Einheit Europas stand weiter auf dem Spiel. In Deutschland schrumpften die untereinander zerstrittenen Regierungsparteien, wogegen sich die Grünen in ständigem Aufwind befanden. Unbeirrbar und aufgrund ihres Alters teils noch ohne Wahlrecht kämpften die jugendlichen Aktivisten von *Fridays for Future* für ihre Belange außerparlamentarisch weiter.

Dann ereilte uns im Frühjahr 2020 die Corona-Pandemie mit massenweise Toten nicht nur in den südeuropäischen Ländern, unsäglichem Leid der Hinterbliebenen und durch Gesundheitsverordnungen und Hygienevorschriften erzwungenen Einschränkungen, die sich besonders für die Kinder als unzumutbar erwiesen. Gleichzeitig war diese Krisensituation aber auch ein Bewährungstest für Zusammenhalt in der Not und eine große Chance für eine Neubelebung des ramponierten demokratischen Miteinanders. Sie setzte eine überraschende Solidarität und Kreativität in der Krisenbewältigung frei. Hinsehen, Fernbleiben, Abgeben und Aushalten mussten neu erlernt werden, ebenso wie größere Achtsamkeit und Genügsamkeit anstelle der Fixierung auf Konsum- und Luxusgüter. Aber die immer wieder neu aufbrandenden Wellen der Pandemie sorgten dafür, dass der für kurze Zeit gewonnene zwischenmenschliche Auftrieb wieder abebbte. Schwerwiegende wirtschaftliche und finanzielle Einbußen, Einengungen und fortdauernder Verzicht sorgten für blank liegende Nerven, erhöhte Reizbarkeit und Aggressivität. Bizarre Verschwörungstheorien fanden Zulauf. Dies alles ist verständlich und auch ein Hinweis auf die in der Not vielleicht noch nicht genügend fundierte Widerstandskraft unserer über Jahrzehnte gewachsenen Demokratie.

Zwei Jahre nach Ausbruch der Corona-Pandemie erfolgte als nächster, weit schlimmerer Schlag der russische Angriffs- und Vernichtungskrieg gegen die Republik Ukraine ab dem 24. Februar 2022. Diesmal war es nicht ein todbringendes Naturereignis, sondern ein von Menschenhand heimtückisch angezettelter Krieg, der das Herz unserer Demokratie treffen soll.

Werden wir die Herausforderung durch diesen Super-GAU meistern?

mein Ding. Andere stehen auf und lachen. Deutsche fragen, wen sie verklagen können. Es ist ein sehr rechtsorientiertes System, und ein rechtsorientiertes System zieht auch nach sich, dass man Angst bekommt, aktiv zu werden, weil jede Form von Aktivität strafbar sein könnte, während Nichtaktivität per definitionem meistens nicht strafbar ist.

FM: Die Verrechtlichung ist ein großer Fortschritt, der aber auch Schattenseiten hat. Ganz extrem sehen Sie das in den USA. Wenn in Amerika jemand feststellt, dass das auf seiner Tüte Peanuts angegebene Gewicht nicht ganz stimmt, ist das ein Grund für einen Rechtsstreit.

Aber im Ernst: In den USA setzt sich im Rechtssystem vor allem das Geld durch. Auf der einen Seite ist es das Land, in dem jeder können könnte, aber auf der anderen Seite sind es des Geldes wegen nur ganz bestimmte Leute, die etwas machen können. Und die können sich damit in zweierlei Hinsichten durchsetzen: Sie können sich Recht holen, weil sie Geld haben, und sie können andere Leute daran hindern, Recht zu bekommen, weil sie Geld haben.

Mein Sohn ist ja Agrarökonom, und er erzählt die Geschichte, jemand habe eine Fleischvergiftung bekommen, nachdem er bei McDonald's gegessen hatte (oder war es eine andere Firma?), aber er konnte der Firma nichts nachweisen. Denn die Firma sagte: »Nein, da war gar kein echtes Fleisch drin.«

***

MW: Wie war denn das eigentlich so um 1968/69 in Deutschland? Gab es damals tatsächlich eine Bewegung, die das wollte, mehr Demokratie wagen? Oder war das nur so ein Ausspruch, der am Ende ohne Konsequenzen blieb?

FM: Ich war ja in Münster und habe Psychologie studiert, als das Misstrauensvotum gegen Brandt scheiterte und die SPD in den darauffolgenden Bundestagswahlen erstmals stärkste Fraktion wurde. Das war schon doll! Man hatte ja keine Ahnung, dass es schon zwei Jahre später dann vorbei sein würde … Wir haben diese Bundestagswahl 1972 bis tief in die Nacht hinein

gefeiert mit lauter Psychologen, das war ein Fest. Auch die Politiker im Fernsehen wurden immer blauer und lallten dann irgendwann nur noch ... Na ja. Aber der Sieg von Brandt 72, der wurde wie ein Wunder gefeiert, das war schon eine große Sache. Darum hat sich das alles gruppiert.
wbg: Das war dann 1972/73. Aber bleiben wir kurz noch bei den Wahlkämpfen. Damals haben sich ja sehr viele Intellektuelle engagiert für Brandt, auch Ihr Onkel Golo Mann.
FM: Ja, das war wirklich ein Aufbruch – und interessanterweise war es in der DDR zu dieser Zeit ja ähnlich. 1972 wurde Walter Ulbricht abgewählt, und es kam der damals noch mitteljunge Honecker, der lange die FDJ angeführt hatte. Im Vergleich zu dem, was vorher war, war der ja fast modern. Das war auch eine Zeit, wo ich in Berlin sehr gern über die Grenze ging und in Ostberlin Freunde besuchte, auch Psychologen. Das war ein bisschen später, aber die Aufbruchsstimmung hat noch lange nachgewirkt.
wbg: Ich kam 1970 gerade in die Schule, das war in Bremen. Da gab es schon kleine Veränderungen. Man hat zum Beispiel nicht mehr nur Frontalunterricht gemacht, sondern die Tische auch mal als Hufeisen aufgestellt oder sogenannten Gruppenunterricht gemacht. Und manche Eltern rannten Sturm dagegen, andere sagten: »Endlich!« Aber Sie können da viel mehr erzählen.
FM: Ich kann mich erinnern, wie ich in München an der Uni – das müsste 1966 gewesen sein – vorbeigegangen bin an einem halb offenen Hörsaal. Da waren viele Studenten, und das sah man ihnen schon an der Kleidung an, dass die nicht so ganz bürgerlich waren. Da war einer, der hat da große Reden geschwungen. Und ich war ganz erschrocken und dachte: »Was ist denn hier los? Was ist das denn für eine Sprache? Hoch abstrakt, ganz große Ideen und die Rede vom Kampf.«

Das waren die ersten Zellen von APO, SDS und wie sie alle hießen. Damals kriselte es schon. Und dann kam ja 67 der Schah-Besuch und die Erschießung von Benno Ohnesorg in Berlin. Und dann fing es an zu kochen. Als ich Ende 1964 anfing in München mit dem Studium, da war noch alles völlig still. Nachkriegsmünchen, alles grau, alle im Lodenmantel und so. Aber das hat sich dann in dieser Zeit 67/68 radikal geändert.

MW: Mich interessiert dieser Moment, weil ich in der Bildung engagiert bin und mich frage: Wie schaffen wir ein Bildungssystem, wie schaffen wir Schulen, die zu Verantwortung erziehen, die helfen, diese aufklärerischen Ideale umzusetzen?

Und ich stolpere immer wieder darüber, dass es das alles schon gibt, und zwar aus der reformpädagogischen Bewegung der 1970er-, 80er-Jahre. Wenn man diese reformpädagogischen Bücher liest, dann klingt das heute wie utopische Zukunftsmusik. Und dabei gab es das schon mal, das gab es in der pädagogischen Bewegung der Weimarer Republik, wo die ersten gemischten Schulen entstanden. Manche Ideen findet man schon in Immanuel Kants Schrift über Pädagogik von 1803.

Ich frage mich einfach: Wenn man doch in den 1970ern in Deutschland schon so weit war, was ist dann passiert? Was hat das alles wieder abgewickelt und warum hat sich wieder dieses preußische Schulsystem durchgesetzt?

FM: Das ist eine Wellenbewegung: Revolution, Konterrevolution, dann wieder ein Revolutionsversuch. Das gibt es in Deutschland schon seit Anfang des 19. Jahrhunderts.

wbg: Was die Reformpädagogik zuletzt schwer in Misskredit gebracht hat, das war der große Missbrauchsskandal an der Odenwaldschule. An diesem schrecklichen Beispiel kann man bis zum Schlimmsten sehen, wie und von wem das gekapert wurde. Auch schon bei den frühen Schulexperimenten, in Wickersdorf etwa. Oder in Berlin der Skandal um die Kinderläden. Kindesmissbrauch ist tatsächlich ein böser Strang, der die Reformpädagogik diskreditiert hat.

Ein anderer Strang ist der Ruf nach einer Schule, die vor allem auf Erfolg in Beruf und Karriere vorbereitet, immer mit Blick auf den internationalen Wettbewerb. Das kam dann in den 1980er- und 90er-Jahren auf.

Und dann gibt es die strukturellen Aspekte des Systems: Wenn man in Schulen und Universitäten vieles ganz anders haben will, dann muss man natürlich auch einen ganz anderen Personalschlüssel haben. Es gibt ja immer noch (oder wieder) Klassen mit 35 Schülern. Und da sitzen Kinder drin, die die Sprache nicht kennen – wie soll das funktionieren?

FM: Nach dem Rücktritt von Willy Brandt 1974 ging es wieder sehr schnell ins Autoritäre, auch in der Schule. Erst recht dann mit Kohl und der »geistig-moralischen Wende«. Meine Frau ist ja Schulpsychologin. Sie sagt, unsere Schulstruktur sei immer noch tief verwachsen mit der Kaiserzeit. Das gilt für die Grundschule ganz besonders: Schüler müssen sitzen und abwarten, was der Lehrer sagt.

Bis man das mal wegkriegt, muss man an so vielen Schrauben drehen, damit sich etwas ändert. Da ist leider noch gar nichts gelöst.

MW: Ja, wir haben in wesentlichen Zügen immer noch das preußische Schulsystem. Aber trotzdem: Es gab diese Bewegungen, warum sind die versandet?

Idealistische Leute wie ich denken ja immer, es braucht nur den Samen der Selbstverantwortung. Dann merken Leute, wie toll das ist, und dann leben sie das. Aber dann ist da immer wieder dieser Rückschwung. Ich frage mich erstens: Worin besteht er? Und zweitens: Wie verhindert man ihn?

***

FM: Es gibt da eine Sache, die mir zu schaffen gemacht hat, als ich nach Deutschland kam. Da habe ich ja erst mal angefangen mit dem Theologiestudium und mich beschäftigt mit der Philosophie von Martin Buber. Und ich habe mich immer gefragt: Wie werde ich jetzt hier aufgenommen? Die wissen doch, aus was für einer Familie ich komme. Wird das Jüdische ein Problem sein?

Na ja, habe ich gedacht, die werden ja wahrscheinlich wenig wissen. Die Pringsheims waren zwar bekannt, aber die haben das Jüdische ja immer irgendwie versucht wegzuschieben. Meine Großmutter mütterlicherseits, die kannte niemand, die hat viel mehr gelitten. Und ich habe immer gedacht: Wenn die Menschen das wüssten, wie würden die dann mit mir umgehen? Ich habe immer diffuse Antisemitismus-Ängste gehabt, auch später, wenn ich angefeindet wurde. Als ich damals anfing mit meinem ersten autobiografischen Roman und schlechte Kritiken kriegte, dachte ich: Na ja, vielleicht steckt da doch mehr dahinter, eben Antisemitismus … Deswegen hat es mich besonders berührt, als ich erfuhr, Sie hätten mit der Piratenpartei zum Teil auch Schwierigkeiten gehabt, weil es da wohl auch Antisemitismus gab. Wie war oder ist das bei Ihnen?

MW: Ich habe das Gefühl, ich werde als Jüdin tendenziell positiv wahrgenommen, teilweise zu positiv. Leute versuchen die ganze Zeit, Blumenkränze vor mir abzulegen, auch nach der Bundestagsrede zum Holocaust-Gedenktag 2021. Da ist immer dieser Entschuldigungsgestus.

Menschen suchen nach einem guten Umgang mit Schoah-Gedenken, aber die Normalität in der Erinnerungskultur entsteht erst langsam. Noch ist das Thema für alle Seiten traumatisch. Da schlägt die Betroffenheit schnell in negative Gefühle über.

Entsprechend begegne ich auch Antisemitismus, weil ich meine jüdische Herkunft seit 2011 sehr publik lebe. Seither begegne ich dem. Vorher war gar nichts, denn man sieht es mir halt auch nicht an. Natürlich werde ich antisemitisch angefeindet. Aber andererseits werde ich auch als Frau sehr viel angefeindet, das gehört einfach, glaube ich, zur Öffentlichkeit dazu. Antisemitismus ist bei mir einfach noch eine Dimension, die hinzukommt. Da wird gesagt, dass ich CIA-Mitarbeiterin bin oder zum Mossad gehöre und die deutsche Politik infiltriert habe, solche Sachen.

In der Piratenpartei waren es Einzelne, es war nicht so, dass die Piratenpartei strukturell antisemitisch gewesen wäre. Aber Einzelne waren es, es war insbesondere viel Israel-feindlicher Antisemitismus. Das, was immer mitkommt, das kriege ich halt auch ab. Im Alltag kaum, aber auf den großen Plattformen. Ich krieg's per E-Mail und per Twitter.

FM: Gerade jetzt, wo das Ganze doch sehr angewachsen ist, seitdem die AfD im Bundestag sitzt, hat es eine neue Dimension, finde ich.

MW: Ich habe geheult, als die AfD in den Bundestag kam. Ich habe sofort nachgeguckt, ob mein Mann auch die israelische Staatsbürgerschaft erhalten könnte. Ich lebe also auch mit einem gepackten Koffer. Im Prinzip bin jederzeit bereit auszuwandern. Ich habe das Privileg, das im Zweifel zu können.

FM: Die AfD-Gründung war nicht zuletzt eine Reaktion auf die Euro-Einführung, der Euro ist ein entscheidender Punkt. Man wollte sein deutsches Geld behalten und nicht die gemeinsame Währung. Ein anderer Polarisierungspunkt war die sogenannte Flüchtlingskrise: Wieder ging es darum, zu teilen oder sich abzuschotten.

DIE ZEITENWENDE

Checks and Balances | Desinformation | deutsche Schuldgefühle | Ende der Industriegesellschaft | Eurasianismus | Freiheit | Großrussland | Helden | Imperialismus | Kapitalismus | Korruption | Kosakentum | Liberalismus | Liquid Democracy | Maidan | Moralismus | Nazis | ökologische Kosten | Oligarchen | Orange Revolution | Schwarz-Weiß-Denken | Sowjetbürger | soziales Band | Untertanenmentalität | US-Verfassung | Wandel durch Handel | wehrhafte Demokratie

WOVOR HAT PUTIN SOLCHE ANGST?

MARINA WEISBAND

Warum wird der Krieg gegen die Ukraine eigentlich geführt? Ist es, um die Ukraine zu erobern? Oder hat es irgendwas mit der NATO zu tun? Denn es gab gerade um 2013/2014 herum keinerlei Erweiterung. Im Gegenteil, man hatte ja die Ukraine zuvor explizit abgewiesen.

Als ich 2013 und 2014 in Kyiv war, war die Antwort bereits offensichtlich. 30 000 Menschen waren auf den zentralen Platz der Stadt, den Maidan, gekommen und dann einfach dageblieben. Sie waren gekommen aus Wut über Polizeigewalt, über Korruption, über wieder und wieder gebrochene Versprechen. Es war ein wenig wie die Revolution 2004, aber auch ganz anders. Diesmal kämpfte man nicht für einen neuen Präsidenten. Diesmal kämpfte man für sich, für Würde.

Schnell hatte auf dem Platz eine Selbstorganisation sstattgefunden. Menschen übernahmen die Verantwortung für die Versorgung mit warmem Essen, mit Medizin, mit der Verteidigung des Platzes. Die Zivilgesellschaft der Stadt war zum Leben erwacht – und hat die Stadt gehackt.

Nach Jahrzehnten des autoritären sowjetischen Trotts, in dem man guten Grund hatte, skeptisch gegenüber Nachbarn zu sein und lieber für sein eigenes Wohlergehen zu sorgen, erinnerten sich allen voran die jungen an ihre Fähigkeit, sich selbst zu organisieren und sich gegenseitig direkt zu helfen. Und als in den sozialen Medien in Petersburg und Moskau zum ersten Mal zu lesen war: »Hey, schaut mal, was die Ukrainer machen … das könnten wir doch eigentlich auch?« DAS war der Moment, in dem Putin in die Ukraine eindrang.

Weil er eine Sache ganz richtig verstanden hatte: Demokratie ist sehr ansteckend. Das Gefühl, der Welt nicht hilflos ausgeliefert zu sein, sondern sie gemeinschaftlich und solidarisch gestalten zu können, ist äußerst mächtig.

Insofern ist dieser Krieg maßgeblich ein Krieg einer alten Weltsicht gegen eine neue: Putins autoritäre Vorstellung aus dem Industriezeitalter, in dem Menschen glücklich zu sein hatten, wenn sie einen Arbeitsplatz hatten und materiell gut versorgt waren, gegen eine demokratische Gesellschaftsordnung, die in der Ukraine gerade dabei war, geboren zu werden.

Während wir uns schmerzhaft aus dem Industriezeitalter, in dem die Herstellung physischer Dinge im Mittelpunkt stand, lösen und ins Informationszeitalter eintreten, in dem Ideen und Dienstleistungen zentrale Bedeutung gewinnen, ändern sich Logiken der Macht. Es ist im Informationszeitalter weniger relevant, wer die Mittel zur Produktion stofflicher Dinge besitzt. Relevanter werden die Mittel zur Produktion der Arbeitskraft selbst: also zur Produktion von KI, Automatisierung und so weiter. Problemlösungskompetenz und Gestaltung von Prozessen, Kreativität und soziale Fähigkeiten werden weit wichtiger. Die Logik von ständiger Produktion und Wachstum wird überhaupt infrage gestellt, da unsere Welt nun mal endlich ist. Wir sind noch mitten in der Verhandlung darüber, was dieses postmoderne Zeitalter eigentlich wird. Wer darin die Macht halten wird. Doch eins ist klar: Es werden wahrscheinlich keine Öldiktatoren sein. Nicht, wenn wir als Zivilisation überleben wollen.

MW: Reden wir über Russland. Die russische Geschichte ist seit jeher imperial. Früher hieß es immer: »Die Russen haben niemals einen Krieg begonnen.« Und ein russischer Komiker sagte dann mal: »Ja, stimmt, wir haben nie einen Krieg begonnen. Das Land ist einfach magisch zum sechstgrößten Land der Welt gewachsen. Das ist von alleine passiert.«

Wenn man sich Tolstoi durchliest und die großen Dichter, auf die sich jetzt alle berufen und sagen: »Wie konnten Russen das tun? Die haben doch so große Dinge hervorgebracht« – wenn man Tolstoi oder Dostojewski liest, das sind Imperialisten pur, die haben so viel der imperialistischen Apologetik in ihren Romanen und anderen Texten. Man muss »Krieg und Frieden« mal aufmerksam lesen und auch Tolstois Erzählungen. Ich weiß gar nicht, wie weit die in Deutschland bekannt sind.

Ich selbst bin auch Fan von Tolstoi und Dostojewski. Das Buch, das mein Leben am meisten verändert hat, ist Tolstois »Krieg und Frieden«. Ich habe dadurch zum Glauben gefunden. Es ist ein großartiges Buch, aber darin wird der Russe als jemand mit einer anderen moralischen Qualität gezeichnet, mit einer anderen geistigen Kapazität, einer anderen Tiefe der Emotionen. Das ist eine Erzählung, die schon vorsowjetisch ist.

Und sowjetisch heißt es: »Der Sowjetbürger ist ein zutiefst moralischer Mensch.« Das besteht auch heute noch so fort. Der Russe ist ein moralischer Mensch. Ich habe Aufnahmen gesehen aus Schulklassen, wo die Lehrerin erzählt hat: »Ihr wisst doch, wie ihr, wenn ihr die Augen schließt, Bilder seht. Ja, das können nur Russen, das ist Vorstellungskraft. Darüber verfügen nur Russen, andere können das nicht.«

Russland wird immer gezeichnet als Gegenpol zum dekadenten, schwachen, schwulen Westen, der nicht mehr weiß, was richtig und was falsch ist, der liberal, also willkürlich ist. Liberalität ist Willkür – diese Gleichsetzung ist wichtig, um Russland zu verstehen.

Man kann nur eine Identität bewahren, eine moralische Höhe, wenn man Werte teilt. Die wichtigste Eigenschaft russischer Märchen und Kinderbücher, das erzählt meine Mutter mir noch heute, daran glaubt sie immer noch zutiefst: Im Gegensatz zu westlichen Unterhaltungsmedien für Kinder bringen sie Kindern bei, was richtig und was falsch ist. In russischen Kinderbüchern oder Zeichentrickfilmen gibt es meistens keine Bösen. Statt der Bösen gibt es Konflikte und Probleme, und die werden dann überwunden durch positive moralische Eigenschaften wie Zusammenhalt, Freundschaft und Güte.

FM: Das heißt, dass eine bestimmte Lebenssphäre überhaupt nicht thematisiert wird?

MW: Ja, sehr viele Lebenssphären werden überhaupt nicht thematisiert. Ich kann bis heute keine Geschlechtsorgane auf Russisch benennen. Ich habe meine Eltern nie nackt gesehen. Als ich sechs war und meine Mutter über Sex gefragt habe, hat sie schlichtweg geleugnet, dass es so etwas gibt. Sie hat einfach gesagt: »Nein, wer hat dir so was erzählt?« Das war meine Sexualaufklärung.

Es werden ganz viele Bereiche überhaupt nicht angesprochen. Und dann gibt es natürlich die ganz klassischen moralischen Laster also: Homosexualität wird als Beispiel moralischen Verfalls betrachtet und zitiert. Das ist übrigens auch in anderen osteuropäischen Ländern ein Problem, auch wenn die Tendenz sich da deutlich von Russland weg entwickelt.

FM: Zum Beispiel in Polen.

MW: Das ist halt letzten Endes eines der Machtwerkzeuge. Du bist ein moralischer Mensch, das heißt: Du lehnst dich nicht gegen die Obrigkeit auf. Gehorsam ist ein ganz, ganz wichtiger Wert gerade für Kinder. Eltern wurden sehr stark und werden immer noch zu Gewalt angehalten. Meine Mutter zum Beispiel wollte mich nie schlagen, hat mich aber geschlagen, weil man ihr erklärt hat, dass sie das tun muss, wenn sie ihre Kinder liebt. Es gäbe keine andere Möglichkeit, sonst würden wir unglücklich. Und sie hat uns sehr geliebt. Also hat sie uns geschlagen, damit wir nicht unglücklich werden später. Nein, sie konnte uns nicht durchgehen lassen, dass wir nicht gehorchen oder dass wir böse Wörter sagen.

Diese Form von Hypermoralität und von Sich-Erheben über andere ist eine Seite der nationalen Identität. Und sie ist auch ein Machtwerkzeug, um die eigene Bevölkerung in Schach zu halten.

FM: In Amerika haben die Puritaner dieses Denken: das Böse und das Gute.

MW: Stimmt es, dass die USA auf Sekten gegründet wurden, im Prinzip?

FM: In der Verfassung kommt Religion nicht vor. Die Gründerväter wollten Erfahrungen wie mit der englischen Staatskirche vermeiden und Toleranz auf ihren Schild schreiben. Deshalb sollte die amerikanische Verfassung neutral und rein säkulär bleiben. Sie ist gewissermaßen die Beletage.

Das Religiöse bzw. die Sekten in einem gewissen Wildwuchs – alle irgendwie auf dem Boden des importierten Puritanismus - führten ihr Leben in verschiedenen Subkulturen: intolerant und aggressiv wie Ku-Klux-Klan und Evangelikale oder menschenfreundlich wie die Quäker und viele andere Konfessionen, mit einem oft regen, in sich geschlossenen Gemeindeleben mit enger Zusammengehörigkeit der fürsorglich miteinander umgehenden Mitglieder.

All dies hat eine Vorgeschichte: Die Menschen, die zunächst als Siedler kamen, waren in England Dissenter gewesen, die waren ja genau deshalb gekommen, weil sie abweichende Bekenntnisse hatten und deshalb in England nicht geduldet wurden. Wenn man diese Gruppen Sekten nennt, ist das in gewisser Weise schon eine Diffamierung und die Sicht der Herrschenden, also damals der Anglikanischen Kirche.

Das Land war ja groß genug für die verschiedensten Bekenntnisse. Wenn man andere Vorstellungen hatte, zog man einfach weiter und siedelte dort. So entstand dieses Nebeneinander verschiedener Konfessionen. Manche waren tolerant, andere sehr radikal. Die Hexen-Prozesse von Salem 1692 – also noch vor der Verfassung – sind ein radikales Beispiel der Intoleranz, wo aus Verfolgten Verfolger wurden. Die heutigen Evangelikalen sind ohne diese Traditionen nicht denkbar, aber das ist eben nur die eine Seite.

Und es stimmt: Auch die USA sind sehr moralisch, aber es gab immer auch die Möglichkeit des Dissenses und die große Idee der Freiheit. Und den Versuch, die Balance zwischen Freiheit und Gemeinschaft zu finden. Leider haben die Amerikaner diesen Anspruch heute weitgehend verloren, oder jedenfalls die Republikaner. Sie verstehen Freiheit nur noch als ökonomische Freiheit und als Freiheit vom Staat, etwa die Freiheit, Waffen zu tragen. Wogegen die Demokraten wenigstens eine Ahnung davon haben, dass man die persönliche Freiheit manchmal zugunsten der Gemeinschaft einschränken muss.

MW: Würde ich widersprechen. Ich sehe die Demokraten nicht als Vertreter der Gemeinschaft, ich sehe die Demokraten als auch hyperkapitalistisch.

FM: Ja, in Teilen schon. Aber da gab es diese Idee der Gemeinschaft, und die gibt es immer noch. Die Einsicht, dass man die Freiheit bekämpfen muss, wenn sie zu weit geht. Natürlich sind die Demokraten untereinander zerstritten. Aber sie sind trotzdem noch die Hoffnung des Landes.

MW: Und es sind die Republikaner, die die hypermoralische Seite vertreten. Deren Moral bezieht sich auf Waffen, Babys und Jesus. Und es hat sich eine sektenartige Struktur ausgebildet.

Das ist ein interessantes Phänomen – das, was in Russland seit 2011 läuft, wird auch als sektenartig beschrieben. Die Kreise, in denen Putin selbst unterwegs ist – und das ist, glaube ich, auch etwas, das wir in den westlichen Medien unterbeleuchten – sind im Prinzip eine Sekte. Putin umgibt sich mit dieser »eurasischen« Sekte.

Er kommt aus einem Petersburger Klüngel. Das waren seine Gangster-Kollegen, die haben gemeinsam die Ausbildung beim KGB durchlaufen, und das sind heute die Menschen, die die tatsächliche Macht in Russland haben. Das ist sein engster Regierungskreis, die sogenannten Silowiki, die *strong men*. Das sind nicht die Oligarchen – die Oligarchen haben keine politische Macht. Sie haben Schlüsselpositionen mit sehr viel Geld, aber sie werden im Prinzip dafür bezahlt, dass sie sich politisch nicht einmischen. Die Silowiki sind diejenigen, die die Politik machen mit Putin.

Und irgendwann 2011, so die Analysen (aber das ist ein bisschen Spekulation, das ist mit Vorsicht zu genießen), haben sie sich mit der Eurasier-Sekte um Alexander Dugin zusammengetan. Und Dugin hat Putin diese Mission eingeimpft. Dugins große Vision, die er schon in den 1990er-Jahren formuliert hat, ist ein großes Russland, das den eurasischen Kontinent dominiert, als Gegengewicht zu China und zum Westen. Der Westen ist für ihn das Feindbild, für Dugin gehört der moralisch verkommene Westen vernichtet. Und Putin hat diese Mission angenommen, das heißt, er sieht sich als den Vollzieher dieses Traums. Er wird das alte russische Imperium einen. Er wird den Westen vernichten und wird in die Geschichtsbücher eingehen als derjenige, der Großrussland wiederhergestellt hat. Das ist sein Ziel.

Und das Interessante ist – es ist sehr, sehr schwer, diese Dinge zu belegen, aber inzwischen gibt es viele glaubhafte Quellen aus Russland –, dass dort esoterische Dinge eine große Rolle spielen, dass Putin sich regelmäßig die Karten legen lässt und so weiter.

Sektenartige Strukturen bilden sich unter Leuten, die sich von der Komplexität und der Vereinsamung in einer neoliberalen Welt überfordert fühlen; das ist, glaube ich, ein ganz wichtiger Punkt. Wir sehen auch bei den Corona-Protesten solche sektenartigen Strukturen: Man hat Anführer, denen man alles glaubt und die einen dazu bringen, sich zu isolieren. Das ist ja auch ein ganz klassisches Merkmal einer Sekte, das Mitglied zu isolieren von seinem alten Umfeld. Der Anführer, der komplett eine Version der Realität erstellt und suggeriert, man kann sich nur untereinander helfen. In den USA haben wir das ja auch ganz stark, all die vielen Sekten, die Homeschooling machen, die Evangelikalen vorneweg. Die haben jetzt die Republikaner als ihren politischen Arm erobert. Wir haben eine sektenartige Struktur, die auf Trump und auf Trump allein ausgerichtet ist, wenn sie auch seit letztem Jahr deutlich an Kraft verloren hat und sich große Teile von ihm abgewandt haben.

Die Demokraten stehen dagegen für das neoliberale Modell: Freiheit, jeder für sich. Das gilt jedenfalls für den einen Teil. Es gibt auch Linke unter den Demokraten, aber die haben halt keine Macht. Aber so Zentristen wie Biden – widersprechen Sie mir gerne, ich lasse gern mit mir streiten – die haben keine kohärente Vision von einem besseren Amerika. Sie haben keinen politischen Durchsetzungswillen, sondern sind eher orientiert am Prozess selbst. Und sie erhalten den Prozess. Sie wahren das Dekorum, sie erhalten den äußeren Schein. Aber sie sind zum Beispiel nicht bereit, genauso wie die Republikaner es tun, über den Prozess hinwegzugehen, um inhaltliche Ziele durchzusetzen, weil sie sich auf inhaltliche Ziele schwer einigen können.

wbg: Die USA haben ein Zwei-Parteien-System mit Demokraten und Republikanern, das funktioniert in seiner Grundstruktur ganz anders als das unsere und war historisch mit ganz verschiedenen Inhalten aufgeladen. Die *Checks and Balances* sind hier vor allem, dass die beiden sich abwechseln und dass dadurch die Macht wechselt.

FM: Und das Land ist sehr groß. Was dort im Einzelnen von Politikern vertreten wird zwischen Arizona, Texas, Ohio und Vermont, ist so unterschiedlich, dass sich das kaum über einem Kamm scheren lässt. Und dann noch die Sondersituation jetzt seit Trump. Und es gibt zum Beispiel auch Bernie Sanders, der sich als demokratischen Sozialisten bezeichnet.

Vergleichbares gab es auch schon früher. Eine alte Geschichte, die nicht sehr bekannt ist, aber die ich damals selbst erlebt habe, das war der letzte Wahlkampf von Roosevelt für die Präsidentschaftswahl 1944, in der er gegen Thomas E. Dewey antrat. Sein früherer Landwirtschaftsminister Henry A. Wallace war ja ziemlich links für amerikanische Verhältnisse und war sogar Vizepräsident unter Roosevelt gewesen. Als Roosevelt die Jalta-Konferenz vorbereitete, ist Wallace in die Sowjetunion gereist und wurde von den dortigen Führern an der Nase herumgeführt. In Sibirien wurde ein Gulag geleert und die Häftlinge durch angebliche »Siedler« ersetzt, er wurde herumgeführt und sollte dann später Roosevelt erzählen, wie wunderbar es doch in Stalins Russland den Arbeitern ginge. Es sei eine Lüge, dass es da Lager gäbe. Das waren reine potemkinsche Dörfer, aber Wallace hat das naiverweise geglaubt und es an Roosevelt gekabelt. Da hat Roosevelt gesagt, bei der letzten Wahl 44: »Der wird mir nicht mehr Vizepräsident.« Stattdessen hat er den dummen Hinterbänkler Harry S. Truman geholt.

1948 ist Wallace dann mit seiner eigenen Partei, den Progressiven, gegen Truman angetreten, aber hat natürlich nicht gewonnen. Wäre Roosevelt allerdings vor dem 20. Januar 1945 gestorben und nicht erst am 12. April, dann wäre dieser naive Linke, der noch Vizepräsident war, Präsident geworden. Vielleicht hätte er in Europa die Russen noch bis zur französischen Grenze vorrücken lassen. Das hat Truman dann verhindert.

Meine Familie war geschlossen für Wallace. Die haben den völlig vergöttert.

Im Zuge des Wahlkampfs 1948 passierte es, dass wir Schulkinder von unserer Lehrerin in der Klasse gefragt wurden, für welchen der drei Kandidaten unsere Eltern seien. Heute dürfte man so was sicherlich nicht mehr fragen. »Wer ist für Truman?« Da hat etwa die Hälfte aufgezeigt. »Und wer ist für Dewey?« Auch da fast die knappe Hälfte. »Und wer ist für Wallace?« Da hat mit mir zusammen ein einziger noch aufgezeigt, und ich habe mich so geschämt und gedacht, die würden mich jetzt verhöhnen und über mich herfallen.

Aber da waren die Amerikaner wirklich groß, da kann man denken, was man will, da ging man nicht auf solche Minderheiten los – so war das jedenfalls vor Trump. Aber es war trotzdem ein komischer Moment für mich, in dem ich mich fragte, warum ich dort so allein stand für Wallace. Er hat dann auch nur 2,4 Prozent der Stimmen gekriegt.

wbg: »Minderheiten«, das ist ein wichtiges Thema. Von der problematischen Seite sprachen wir ja schon, Stichwort Rassismus oder auch Frauen. Es gibt, wie es Herr Mann gerade erzählt hat, aber auch die andere Seite in den USA: den Respekt gegenüber der Meinung einer Minderheit und eine Kultur des »Wir sind alle unterschiedlich, aber wir respektieren uns«. Es gibt ja tatsächlich diese Entwicklung von einem sehr puritanischen und weißen Amerika hin zu einem vielfältigeren Land. Und es gibt die Idee der Selbstverwirklichung.

MW: Es sind die Strukturen, die in den USA im Argen liegen. Die Ideologie der völligen Selbstentfaltung ist ja da. Theoretisch kann jeder alles machen, was er will, aber die Strukturen sind eben so angelegt, dass Minderheiten strukturell benachteiligt werden.

wbg: Egal, ob wir unsere Demokratie betrachten oder die sehr anders funktionierende US-amerikanische Demokratie: Es bleibt doch immer die Frage, wie viel Einfluss eine Person als Personen denn wirklich hat.

FM: Nehmen Sie Obama und Trump. Unterschiedlicher können zwei Präsidenten nicht sein, aber selbst jemand wie Trump konnte nicht ganz ohne seinen Apparat regieren, auch wenn er das versucht hat. Er hat ja gegen alle Regeln regiert. Das war aber eine neue Erfahrung für die USA, das kannten sie bis dato nicht. Und nicht umsonst ist Trump ja ein Putin-Bewunderer.

MW: Aber das ist hier auch nicht anders. Einerseits macht es natürlich schon einen Riesenunterschied, wer die Person ist, die an einer Stelle sitzt, aber ich erlebe auch in Deutschland die Apparate als sehr viel mächtiger als die jeweiligen Minister. Dem Bildungsministerium ist egal, wer unter ihm Bildungsminister ist.

Es wird so oft als Gegensatzpaar bezeichnet: Liberalismus gegen Autoritarismus. Wobei der Liberalismus ein System ist, das kapitalistisch funktioniert und in dem die Schwächsten oft keine Hilfe bekommen, während der Autoritarismus sich dann als System verkauft, das angeblich »für den kleinen Mann« einsteht, aber den Schwächsten auch nicht helfen will.

FM: Das kommt darauf an, ob das ein Liberalismus in Reinkultur ist, möglicherweise bis zum Libertären oder in Form des Neoliberalismus – oder aber ein Liberalismus mit sozialer Verantwortung. Den gibt es nämlich auch, gab es jedenfalls lange in den USA.

wbg: Zurück zu Putin: Auf die Frage »Warum hat er solche Angst vor einer demokratischen Ukraine?« war eine Antwort: Es ist die Angst vor dem Überschwappen.

Ein Blick nach Belarus: Waren die Proteste dort vielleicht ein Jahr zu früh? Wenn das jetzt zeitgleich stattgefunden hätte, wäre die Situation vielleicht eine ganz andere. Hat Putin auch dort Angst gehabt?

MW: Dort hat die Unterdrückung leider funktioniert. Auch mit massiver russischer Hilfe!

FM: Aber offensichtlich gibt es dort noch einen Untergrund, sonst hätte die Pussy-Riot-Sängerin Maria Aljochina nicht über Belarus nach Litauen fliehen können.

MW: Ja, es gibt einen Untergrund, es gab ja auch in der Sowjetunion immer einen Untergrund.

Dieses Muster, dass jemand sich auflehnt, und Putin geht hin und »entnazifiziert« ihn, das gibt es seit Tschetschenien. Tschetschenien führte einen Unabhängigkeitskrieg, und Putin hat Grosny in Schutt und Asche legen lassen, die Stadt einfach vernichtet. Das ist über 20 Jahre her, und jetzt sind alle überrascht: »Oh, mein Gott, wie kann er Flächenbombardements von

Städten veranlassen, und wie kann er einfach Zivilisten töten?« Als sei das eine ganz neue Qualität.

FM: Denken wir auch an Syrien, das nicht einmal zur Sowjetunion gehört hat.

MW: Und Georgien! Das zieht sich durch, das ist eine ganz klare Linie. Denn Putin war Gangster und Putin versteht: Früh und hart und Abschreckung funktioniert. Das versteht der Westen nicht. Das ist meine Kritik.

wbg: Blicken wir doch noch einmal auf Putin und den verweichlichten Westen. Der große Putin-Freund Schröder zeigt uns sehr gut eine Schwäche des Westens, eine Seite, wo Putin real recht hat: diese Korruption durch Geld, egal in welcher Gesellschaft, ob in den USA, in der Schweiz, in Deutschland, in Großbritannien

FM: Und was Putin auch wusste, und was er genoss: Dass Deutschland Russland gegenüber Schuldgefühle hat und dass er diese Schuldgefühle Deutschlands gegenüber Russland ausnutzen kann. Das ist eine ganz große Geschichte.

Damit haben auch die übertriebenen Handelsbeziehungen zwischen Deutschland und Russland zu tun – die waren nicht nur aus Profitgier, sondern auch wegen der Schuldgefühle. Wir müssen uns gutstellen mit diesem Land, wo wir 27 Millionen Menschen umgebracht haben.

wbg: Mit der Ukraine könnte man sich ja auch gutstellen wollen.

MW: Aber da fehlt schon wieder das historische Bewusstsein, weil die Sowjetunion als Russland codiert war. Und wenn man von der Sowjetunion spricht, dann spricht man von den Russen, und das heißt: Als die Wehrmacht in die Sowjetunion einmarschiert ist, hat man gedacht, man tötet Russen, aber in Wirklichkeit waren es natürlich vor allem Ukrainer, die darunter gelitten haben. Sowjetunion wurde als Russland übersetzt, das war historische Ignoranz.

Ironischerweise sagt man, wir müssen aus einer historischen Schuld heraus Russland unterstützen – das Argument hat mich schon immer fertiggemacht. Putin hat beobachtet: Die Deutschen haben ein schlechtes Gewissen gegenüber Russland und haben seit der Wende dieses naive Ziel, auf gut Freund zu machen mit Russland, und er hat das schon immer ausgenutzt. »Wandel durch Handel« war für Putin schon immer ein superbequemes Vehikel, einfach alles zu nehmen, was der Westen ihm gibt. Aber absolut nichts zurückzugeben, sondern diese Ressourcen zu nutzen, um seinen eigenen Imperialismus auszubauen.

wbg: Westdeutschland hat den Nationalismus und die Schuld des Nationalsozialismus auf eine Weise kompensiert, dass man Exportweltmeister wurde. Und da stehen wir jetzt vor einem ziemlichen Scherbenhaufen.

MW: Deutschland hat den Deal mit der Welt und mit sich selbst: Wir sind wirtschaftlich on top, aber wir halten uns dafür politisch raus. Ich glaube, es gibt in der deutschen Öffentlichkeit eine große Angst vor Außenpolitik, weshalb zum Beispiel auch in unserem letzten Bundestagswahlkampf Außenpolitik kaum eine Rolle gespielt hat. Niemand hat den Kandidaten außenpolitische Fragen gestellt – in der viertreichsten Nation der Welt. Und das, obwohl Deutschland international durchaus sehr aktiv ist. Man redet bloß nicht darüber.

FM: Das war zur Zeit von Merkel ganz besonders offenkundig so: Außenpolitik Fehlanzeige.

MW: Ja, genau, wir halten uns als Öffentlichkeit einfach aus der Außenpolitik raus, wir machen nur das mit der Wirtschaft. Deutschland kann für Europa bezahlen, mischt sich hier und da ein, entscheidet in Europa, folgt dabei aber keinem Narrativ und kommuniziert darüber auch nicht mit Wählern. Ich glaube, das ist aus der Nervosität über Deutschland entstanden und funktioniert gut für die Entscheider.

wbg: Stichwort deutscher Ost-Kolonialismus und was sich da in Feindbildern und Stereotypen noch hält: In Deutschland wurde noch häufig gesagt: »Die Polen, die waren ja auch alle Antisemiten«, oder: »Unter den Ukrainern gab es viele Kollaborateure«. So etwas habe ich über Russen nicht sagen hören.

FM: Das fängt historisch schon viel früher an mit der imperialen Sicht zweier Mächte: Deutschland bzw. Preußen und Russland – die »kleinen Länder« dazwischen zählten nicht. Denken wir an die Polnischen Teilungen.

MW: Das zeigt sich noch bei Steinmeiers Politik als Außenminister. Steinmeier hat zum Beispiel massiv mitgewirkt bei Minsk II, das 2015 unterzeichnet wurde. In diesen Vertrag hat er mit reingebracht, dass es im Osten ein Referendum geben soll, aber dass die russische Armee vorher nicht abziehen muss. Die Steinmeier-Doktrin bedeutete, sehr vereinfacht runtergebrochen: Russland ist unser Freund, und der Rest von Osteuropa ist Verfügungsmasse. So hat Deutschland schon immer seine Ostpolitik betrieben, weil es im deutschen Weltbild Machtblöcke gibt und Verfügungsmasse, über die diese Machtblöcke sich streiten dürfen, Kompromisse schließen dürfen. Dass das eigene Staaten sind, dass dort Menschen leben, die nicht nur über sich selbst bestimmen wollen, sondern auch nach Völkerrecht das verbriefte Recht dazu haben, ist in dem Denken nie präsent gewesen. Auch heute noch bleibt es vielen suspekt, auch wenn es sich inzwischen durchgesetzt hat.

FM: Das war auch bei Solidarność so. Helmut Schmidt war ja vor allem besorgt um die Stabilität des Ostblocks, nicht so sehr um Solidarność und Polen. Und die Probleme der Wirtschaftsdoktrin »Wandel durch Handel« wollten wir in Deutschland bis vor Kurzem nicht sehen.

Das hatte System. Die ersten östlichen Opfer der Nazis waren ja nicht die Russen, sondern die Polen. Und der Hitler-Stalin-Pakt tat genau das: Einflusssphären und Verfügungsmasse festlegen.

MW: Wir vergessen ja auch immer zu erwähnen, dass Polen 1939 nicht nur von den Deutschen überfallen wurde.

FM: Ja eben, es wurde von beiden Seiten überfallen, Deutschland und Russland.

wbg: Eine Frage zum Verhältnis zwischen der Ukraine und Polen. Die beiden haben ja eine nicht nur einfache Geschichte miteinander, nicht zuletzt, weil die Polen ein nicht unbeträchtliches, für sie wesentliches Territorium an die Ukraine verloren haben. Und dennoch erleben wir jetzt diese große Solidarität.

MW: Soweit ich das verstehe, gibt es seit Jahren sehr, sehr intime Beziehungen zwischen der Ukraine und Polen, und zwar deshalb, weil beide Staaten sich in der gleichen Gefährdungslage sehen. Ein Unterschied ist natürlich, dass Polen in der Nato ist und deshalb etwas weniger in Gefahr, aber prinzipiell sehen sie sich in sehr ähnlicher Lage. Beide standen unter der Kontrolle Moskaus. Beide verstehen, was das bedeutet. Ich glaube, das ist auch der Grund, warum die Oststaaten so früh vor Nord Stream 2 gewarnt haben. Sie haben gesagt: »Das ist ein politisches Instrument, man versucht, euch dadurch abhängig zu machen.«

Aber weil Deutschland sie alle als Verfügungsmasse gesehen hat, hat niemand zugehört und hat niemand diese Einwände ernst genommen. Das ist nicht nur Dummheit und Arroganz. Es zeigt uns, wie sehr wir uns ins eigene Fleisch schneiden, wenn wir nicht auf Leute hören, die eine entscheidende Lebenserfahrung miteinander teilen. Diese Lebenserfahrung, die diese Staaten teilen, ist die Basis für die große Solidarität. Und natürlich, klar, die gemeinsame Geschichte.

Zugleich zeigt sich leider auf traurige Weise der Rassismus, der existiert: Dass, während die Ukrainer in Polen wirklich mit überragender Solidarität aufgenommen werden, immer noch Flüchtlinge aus Syrien und aus anderen Ländern vor der polnischen Grenze kampieren müssen, das ist ein Verbrechen.

FM: Und auch das nutzt Putin aus. Seine Syrienpolitik dient ja auch ganz gezielt der Destabilisierung des Westens. Putin freut sich darüber, dass die vielen Flüchtlinge im Westen für Ängste sorgen und der radikalen Rechten Wähler zuführen – in Deutschland, Frankreich und Italien. Und natürlich in Ungarn und auch in Polen. Das spielt Putin in die Karten. Das haben wir seit 2015 gesehen.

MW: Diese Destabilisierungswellen gehören zu den aktuellen Gefährdungen der Demokratie. Welle um Welle sind das ganz gezielte Destabilisierungsaktionen gegen »den Westen«. (Ich sage »der Westen« immer in fetten Anführungszeichen, bitte beachten.)

Wir hatten so viele Kampagnen: 2013 und 2014 hatten wir die ganzen Desinformationskampagnen rund um den Maidan. 2015 hatten wir die Desinformationen über syrische Flüchtlinge und auch gezielte Angriffe auf zivile Ziele, um Menschen überhaupt zu Flüchtlingen zu machen und zu vertreiben. Und wir hatten die Desinformationskampagne rund um die US-Wahl, also die Trump-Wahl 2016. Da haben wir auch direkte Einmischungen erlebt, ganz besonders über Facebook. Wir hatten die Troll-Fabriken in Petersburg, aber auch die direkten Einmischungen, die korrupten Verflechtungen, die ja untersucht wurden. Wir hatten die Desinformationskampagne um den Brexit, die nicht nur, aber auch von russischer Seite betrieben wurde. Wir hatten die Desinformationskampagne rund um Covid, die unter anderem von Russland aus betrieben wurde, und wir haben jetzt auch die russische Propaganda zur Ukraine. Ich konnte buchstäblich einige Twitter-accounts identifizieren, die als russischsprachige Ukrainer angefangen haben, dann Deutsche mit Angst vor Flüchtlingen wurden, dann Briten pro Brexit, dann Amerikaner pro Trump, dann Coronaleugner. Das sind alles Erzählungen der gleichen Leute, mit den gleichen Zielen.

Die Desinformationskampagne dauert an. Jetzt sprechen die Leute wieder darüber, aber ich war acht Jahre lang dabei.

2015 haben sie es geschafft, dass ich ein halbes Jahr lang von Twitter wegmusste. Ich habe sechs Monate lang nicht getwittert, und danach habe ich nicht mehr über die Ukraine gesprochen. Man merkt richtig den Einbruch, vorher war ich sehr vokal über die Ukraine, und danach habe ich nicht mehr über die Ukraine gesprochen. Ich schäme mich im Rückblick deshalb sehr! Ich habe an der Stelle verloren. Ich wusste, dass das Trolle waren. Ich wusste, dass das eine Kampagne war, die sich gegen alle Journalisten richtete und gegen alle, die aus der Ukraine berichteten. Ich war da kein Einzelfall, aber ich war zu schwach. Ich wachte jeden Morgen auf und hatte 15 Mord- und Vergewaltigungsdrohungen, und das habe ich nicht ausgehalten. »So will ich nicht leben«, war meine Reaktion: »Ich will anders leben.« Deshalb habe ich damals geschwiegen. Es wäre so wichtig gewesen, an der Stelle dieses Thema nicht sterben zu lassen.

***

FM: In Ihrer Rede vor dem Bundestag zum Holocaustgedenktag 2021 haben Sie die Gründe für die Ausreise Ihrer Familie aus der Ukraine nur angedeutet. Sie waren ein Kind, und der Großvater sagte eines Tages: »Wir müssen gehen.« Da dachte ich: »Hoppla, da ist irgendwas, aber im Bundestag wollen Sie nicht gleich sagen, das hat was mit dem Judentum oder mit Antisemitismus zu tun.« Obwohl es um die Ukraine ging.

Sie haben das einfach übergangen, sind weitergegangen, aber ich habe gestutzt. Wir hatten ja auch unsere Emigrationsgeschichte: von Deutschland in die Schweiz und dann die USA. Damals hat man sich in meiner Familie auch mit einigen kurzen Sätzen begnügt, und wir wussten was gemeint war.

MW: Es gab damals, 1993, Gerüchte über anstehende Pogrome in Kiyv. Die haben sich nicht bewahrheitet. Aber die 1990er-Jahre waren natürlich eine sehr chaotische Zeit, und es hatte antisemitische Überfälle anderswo in der Ukraine gegeben.

Mein Großvater war jemand, der immer sehr aufmerksam die Zeitung las und die Gerüchteküche verfolgte. Er hatte seine Zeit im Zweiten Weltkrieg im Generalstab bei Georgi Schukow verbracht. Da er 1906 geboren ist, hat er beide Kriege erlebt. Und als jüdischer General hat er mit der Pistole unter dem Kopfkissen geschlafen – und zwar nicht wegen der Nazis. Mein Großvater war also gut informiert und sehr, sehr vorsichtig. Als er die Gerüchte vernahm, hat dieser Mann, der vorher immer wahnsinnig gelästert hatte über alle, die nach 1991 weggegangen sind, und gesagt hatte: »Das sind Vaterlandsverräter, das sind dreckige Lumpen«, plötzlich gesagt: »Jetzt gehen wir.« Und dann sind wir alle gegangen.

FM: Er spürte, jetzt ist Zeit.

wbg: Welches Land war ab 1991 für ihn denn das Vaterland?

MW: Er hat praktisch sein ganzes Leben in der Sowjetunion gelebt und die Sowjetunion von ihrer Geburt bis nach ihrem Tod erlebt. Ich glaube ehrlich gesagt, dass er sich am stärksten mit Kiyv identifiziert hat, aber als Staat war es in erster Linie die Sowjetunion, das Land, dem er unter Stalin gedient hatte. Und alles, was er erkämpft hatte, alles, was wir aufgebaut haben, einfach zu verlassen, dem den Rücken zu kehren, das empfand er, glaube ich, als Verrat.

wbg: Haben Sie Russisch gesprochen zu Hause oder Ukrainisch?

MW: Wir waren russischsprachig wie die meisten städtischen Juden und sind es bis heute. Das letzte Mal, dass ich in der Ukraine war, war ich auch in der Liberalen Gemeinde. Da haben alle Russisch gesprochen.
FM: Ich habe in den 1990er-Jahren in Münster, als sehr viele Emigranten aus der ehemaligen Sowjetunion kamen, zwei Jahre lang Russisch gelernt. Da war ein russischer Physikstudent, der musste eine Deutschprüfung machen, um hier zum Studium zugelassen zu werden. Mit ihm habe ich im Tandem gelernt, einmal die Woche eine Stunde lang, eine halbe Stunde Deutsch, eine halbe Stunde radebrechend Russisch. Ich habe ein bisschen was gelernt und auch ein bisschen übersetzt, nämlich die »Geschichten aus dem Hinterhaus« von Anne Frank. Sehr viel erzählt hat dieser Physikstudent nicht, aber am Schluss sagte er zu mir: »Sie übersetzen gut, Sie sprechen ein bisschen und Sie verstehen schlecht.«
MW: Dann ist es umso bemerkenswerter, wenn man gut übersetzt.
FM: Das Übersetzen ist immer wieder ein bisschen mein Metier gewesen, und die »Geschichten aus dem Hinterhaus«, die ich vorher nicht gekannt hatte, waren sehr spannend. Es gibt auch familiäre Verbindungen in Richtung Sowjetunion: Der Vater eines Prager Vetters, also von der Heinrich-Mann-Linie, kam aus Lemberg und ist mit der roten Armee in Prag einmarschiert.
wbg: Frau Weisband, über ihre Kindheit in Wuppertal haben Sie erzählt, dass dort alle Immigranten aus der Sowjetunion als »Russen« bezeichnet wurden. Und gesprochen wurde bei Ihnen zu Hause auch Russisch, nicht Ukrainisch. Wie haben Sie selbst sich gesehen? Wie war und ist ihre Identität?
MW: Ich hatte in meinem Leben wenig Chancen, fließend Ukrainisch zu lernen. Ich verstehe die Sprache gut, aber das Sprechen fällt mir schwer. Mir fehlt teilweise Vokabular, und ich spreche es gefühlt auch mit einem russischen Akzent. Und ich fürchte, ich werde in meinem Leben nicht mehr die Möglichkeit haben, Ukrainisch so zu erwerben, dass das Sprechen mir Spaß macht. Ich spreche mit meiner Tochter Russisch, ich denke auf Russisch. Aber seit ein paar Jahren singe ich mehr auf Ukrainisch. Und ich verstehe mehr von der ukrainischen Kultur. Ich habe gelernt, was die

ukrainische Kultur von der russischen unterscheidet. Ich glaube, das geht sehr vielen Menschen so, nachdem das vorher ein Einheitsbrei war.

Es gibt definitiv ein größeres Bewusstsein, die meisten Ukrainer sprechen und verstehen beide Sprachen, und ein Viertel benutzt beide im Alltag. Je weiter man nach Osten geht, desto mehr ist es Russisch, je weiter nach Westen, desto mehr Ukrainisch. Und dann gibt es noch Surschyk, eine Art Mischsprache zwischen beiden. Ein reines Ukrainisch zurückzubekommen, das war eine große Herausforderung. Das ist die Rückbesinnung auf etwas, das genommen wurde, das verboten und verschmäht war, das jetzt wiedergeboren wird. Sehr viele Leute versuchen dabei zu helfen.

wbg: In der Selbstwahrnehmung der Ukrainer gab es in den letzten Jahren offensichtlich große Verschiebungen.

MW: Es zieht sich seit 2014 ein tiefer, tiefer Riss durch die russischsprachige Diaspora. Vorher war es tatsächlich ein bisschen austauschbar, aus welcher Sowjetrepublik man kam. Und es ist jetzt immer noch keine Frage der Herkunft. Wenn ich es Deutschen erkläre, dann sage ich, dieser Riss vollzieht sich entlang der Grenze, wo russisches Fernsehen geschaut wird und wo nicht, weil man in verschiedenen Realitäten lebt.

Aber die Wahrheit ist ein bisschen tiefer: Es geht nicht nur ums Fernsehen oder die Informationen, die man bekommt, und entsprechend die Realität, in der man lebt, sondern es geht um eine Lebenseinstellung, die bei uns Sovok genannt wird. Sovok steht für Kehrblech, aber das Wort verwendet man, weil es so ähnlich klingt wie Sowjet.

Sovok ist die abfällige Bezeichnung für jemanden, der im Geiste Sowjetbürger ist. Das heißt nicht zwangsläufig, dass man an der Sowjetunion hängt, sondern dass man eine entsprechende Mentalität hat. Eine Mentalität, die besagt: »Wir achten in erster Linie auf uns und darauf, dass wir irgendwie genug bekommen. Wir kümmern uns nicht um gesellschaftliche Fragen, wir haben keinen größeren Zusammenhalt, und wir organisieren uns nicht selbst. Wir nehmen die Dinge als gegeben hin.« Es ist ein gewisser Fatalismus, der damit einhergeht.

Es ist auch die Missachtung von Würde, von menschlicher Würde. Meine

Mutter hat gesagt, als sie nach Deutschland gekommen ist, brauchte sie fünf Jahre, um ein Selbstwertgefühl zu bekommen, um zu verstehen, dass sie etwas wert ist. Sovok ist die abfällige Bezeichnung derjenigen Leute, die das geschafft haben, für die Leute, die es nicht geschafft haben. Und das ist genau die Trennung.

Sovok gibt es auch in der Ukraine. Doch dort hat sich in den letzten Jahren ein riesiger geistiger Umschwung vollzogen. Früher gab es in der Ukraine eine Redensart: »Wenn bei uns im Hinterhof die Mülltonne kaputt ist, rufen wir den Präsidenten an.«

Da war tatsächlich etwas Wahres dran, und das Interessante ist, dass das in Russland buchstäblich so läuft. Putin hatte diese berühmte Fernsehshow, wo er angerufen werden konnte. Die Leute, die das Glück hatten, zu ihm durchgestellt zu werden, konnten Bitten an ihn richten. Vor ein paar Jahren ging groß durch die Presse, dass ein Mädchen in der sibirischen Tundra einen Rollstuhl bekommen hat, den sie dringend brauchte, weil ihr Vater es geschafft hatte, in diese Sendung zu kommen, den Präsidenten anzurufen und auf diese Weise dem Mädchen den Rollstuhl zu besorgen. Das war tatsächlich der einzige Weg für sie, einen Rollstuhl zu bekommen. Das ist oft die Lebenswirklichkeit in Russland.

FM: Das Spannende ist, dass sich diese Lebenswirklichkeit, von der die Redensart zeugt, in der Ukraine von unten offenbar massiv verändert hat – ganz anders als in Russland.

MW: Dass sich die Lebensrealität in der Ukraine schneller verändert hat als in Russland – und auch in der westlichen Ukraine schneller als in der östlichen –, ist geschichtlich bedingt. Die westliche Ukraine war der letzte Teil, der an die Sowjetunion angeschlossen wurde, in den 1930er-Jahren. Dort war die Erinnerung an die vorherige Selbstverwaltung noch viel jünger.

Die Geschichte der Ukraine ist sowieso sehr anders als die Russlands. In der Ukraine hatte man das Kosakentum. Kosaken waren noch von den Wikingern her selbst organisiert, die hatten Hetleute, immer hundert Mann wählten einen Hetman. Und der Hetmann regelte dann im Prinzip die Angelegenheiten von hundert Leuten – das ist ja fast Basisdemokratie. Das ist der Geist, mit dem die Ukrainer historisch gelebt haben, das ist im kollektiven Gedächtnis geblieben.

Es gibt das berühmte Gemälde von Ilja Repin, »Die Saporoger Kosaken schreiben dem türkischen Sultan einen Brief«, wo diese Kosaken über einen Tisch gebeugt sitzen und stehen und einen berühmten Brief schreiben, der lauter Beleidigungen enthält. Nachdem der Sultan gefordert hat, sie sollten sich ergeben, antworten sie einfach nur mit wüsten Beschimpfungen. Dieses Gemälde, auf dem sie um den Tisch versammelt sind und sich die Beschimpfungen ausdenken, ist das kulturelle Gedächtnis der Ukraine.

Das kulturelle Gedächtnis Russlands dagegen kennt eigentlich nur den autoritären Staat. Das reicht ja praktisch zurück bis zur Herrschaft der Mongolen. Das waren alles repressive Regime. Die Mongolen, die Zaren, besonders Iwan der Schreckliche, dann der Stalinismus, jetzt Putin: alles Diktaturen und autoritäre Regime. Die gelegentlich auftretenden Reformer wurden unbeliebt von der Geschichte verstoßen. Anders war es auf diesem Territorium nur bei den ethnischen Minderheiten und den Urvölkern, die aber unterdrückt und durch Alkohol auch systematisch klein gehalten wurden. Und auch an die Front in die Ukraine wurden zunächst vor allem Mitglieder der nationalen Minoritäten in Russland geschickt. Russland war seit jeher ein autoritärer, repressiver Staat.

FM: Und was ist mit der kurzen Zwischenzeit unter Gorbatschow und Jelzin? War das vielleicht eine Art Vakuum, ähnlich ein bisschen wie Deutschland in der Weimarer Republik?

MW: Gorbatschow wird bis heute verachtet. Und Jelzin steht für die 1990er-Jahre. Das muss man wissen und verstehen: Sowohl für Russland als auch für die Ukraine waren die 90er eine wirklich traumatische Zeit, geprägt von Unsicherheit, Hunger, Raub, Mord und Erpressung.

FM: Und Alkoholismus bei Jelzin.

MW: Nicht nur bei Jelzin. Es war einfach eine schreckliche, traumatische Zeit. Ich selbst erinnere mich noch, wie es in den Läden aussah, dass es dort zeitweise nur Blumen und Kekse gab. Die gab es immer, und dann hat man halt alle Regale damit vollgestopft, damit die nicht so leer aussahen. Nicht in Kiyv, aber in vielen russischen Städten gab es in dieser Zeit Menschen, die buchstäblich vor Hunger in Ohnmacht gefallen sind.

Und die verbrecherischen Typen damals haben in dieser Zeit die Erstkapitalanhäufung betrieben. In etwa das, was in Westeuropa während des Kolonialismus und der Industriellen Revolution passiert ist, ist in dieser Phase auf dem Gebiet der ehemaligen Sowjetunion geschehen. Nur in einer atemberaubenden Geschwindigkeit. Und wer die Güter zur Produktion besitzt, der hat dann die Möglichkeit, immer mehr Kapital anzuhäufen.

FM: In der USA spricht man für das ausgehende 19. und frühe 20. Jahrhundert von den *Robber Barons*.

MW: Genau das passierte in den 1990er-Jahren in der ehemaligen Sowjetunion: Alles war staatlich gewesen, und nun wurde alles privatisiert.

FM: Die Oligarchen. War Putin da in den 90er-Jahren auch schon dabei?

MW: Es gab die Kapitalanhäufung. Aber diese verbrecherischen Typen waren damals noch keine Oligarchen, das waren schlicht Gangster, die durch Erpressung und Bestechung und organisierte Kriminalität genau an diese Ressourcen gekommen sind. Was Putin gemacht hat, als er an die Macht gekommen ist, war, dass er die Verbrecher von den Straßen geholt hat. Er hat sie ins Parlament und in die Regierung gesetzt, und die Leute sind ihm bis heute dankbar dafür. Putin droht damit ja bis heute. »Wenn ich weg bin, dann kommen die 90er wieder«, ist sein Standardspruch, und davor fürchten sich die Russen. Sie sagen, er habe aufgeräumt. Es gab eine Umfrage von einem russischen Journalisten, der gefragt hat: »Hätten Sie Verbrecher lieber im Parlament oder lieber auf der Straße?« Meine Mutter hat mir davon erzählt, und ich habe gesagt: »Was für ein Quatsch! Ist doch klar, dass ich Verbrecher lieber auf der Straße habe als im Parlament, wo sie Macht haben.« Meine Mutter hat gelacht und gesagt: »Weißt du, Russen reagieren ähnlich, die sagen auch: Was ist das für ein Quatsch? Die Antwort ist doch offensichtlich: Klar habe ich Verbrecher lieber im Parlament als auf der Straße.«

FM: Das war doch auch in der Ukraine so, dass auch Verbrecher im Parlament saßen, und später dann Oligarchen?

MW: Und es auch noch tun!

FM: Aber wie kam es dann in der Ukraine zu den Veränderungen?

MW: 2004, als Janukowytsch zum Präsidenten gewählt wurde, war das erste Aufflammen des Protests, das war die Orange Revolution. Denn die Wahl war offensichtlich manipuliert, und damals ging das Volk auf die Straße für Wiktor Juschtschenko und Julija Tymoschenko. Letztere war eine der Ikonen dieser Bewegung.

Die Leute hatten einfach genug von Betrug und Korruption, das war passiert. Und deshalb gingen sie auf die Straße, damals auch schon mit Zelten. Daher kommt der Name Orange Revolution, denn die Menschen wohnten wirklich auf der Straße in orangen Zelten.

Ich war damals mit meinem deutschen Freund da, und wir waren mit meiner Oma spazieren. Mein Freund hat gefragt: »Was sind das für orange Zelte?« Sie meinte: »Na, das ist die Revolution.« – »Und was sind das für blaue Zelte auf der anderen Straßenseite?« – »Na, das ist die Konterrevolution.« – »Und die schwarzen Zelte da hinten?« – »Das ist die Kirche.«

Auf diese Weise wurde Politik damals gemacht, und tatsächlich kamen dann im Zuge dieser Orangen Revolution Juschtschenko und Tymoschenko an die Macht – mit dem Versprechen, die Korruption zu bekämpfen. Aber das Allererste, was sie gemacht haben, war Korruption. Und das hat, glaube ich, den Leuten das Herz gebrochen.

Nun gab es zwei Richtungen, in die sich die Ukraine entwickeln konnte, und die Ukrainer haben jeweils einen dieser Wege eingeschlagen. Der erste Weg war, frustriert zu sein, zu sagen: »Man kann sowieso nichts ändern, egal wie oft wir auf die Straße gehen. Die alten Politiker werden durch neue ersetzt, und die neuen machen genau dasselbe wie die alten.« Aber es war auch die Geburt eines neuen Gedankens, der sich dann auf dem Maidan 2014 wirklich Bahn gebrochen hat. Das war die Einstellung: Diese Revolution machen wir nicht gegen Janukowytsch und für irgendjemand anderen, sondern diese Revolution machen wir für uns.

Ich wurde damals eingeladen in die offene Universität, die im besetzten »Haus der Ukraine« eingerichtet wurde, um über Politik und Politiker zu sprechen. Die interessierten sich damals für das Liquid-Democracy-System, das wir in der Piratenpartei hier in Deutschland weiterentwickelt hatten. Ich habe damals die junge Piratenpartei in der Ukraine begleitet. Ein Stadtviertel von Kiyv lief tatsächlich auf Liquid Democracy.

Es war eine Zeit, in der man sich sozusagen von der Abhängigkeit von Politikern gelöst hatte, und das war, glaube ich, der Tod des Sovok in den Köpfen vieler. Man merkte das sehr früh daran, wie der Maidan organisiert war. Das war wirklich die Wiege dieser Bewegung, und es griff auf den Rest der Ukraine über. Es gab Ableger davon in anderen Städten.

Der Maidan war eine Art Modell einer utopischen Gesellschaft, wenn man so will, und komplett selbst organisiert. Die Leute wohnten drei Monate lang im Winter in Zelten auf dem Hauptplatz. Viele von ihnen gingen nicht mehr zur Arbeit, sie versorgten sich selbst, und sie versorgten einander. Das ist das Wichtigste, dass sie einander versorgten.

Es haben sich zivile Hundertschaften gebildet nach dem Vorbild der Kosaken. Da sieht man diese historische Parallele ganz klar. Es gab die Küchen-Hundertschaft, die eine warme Küche eingerichtet hat. Es gab Essensausgaben und zu jeder Tages- und Nachtzeit etwas zu essen auf diesem Platz. Meine Oma zum Beispiel hat 500 Fischfrikadellen gemacht und Sandwiches für den Maidan, sie war also richtig aktiv.

Es gab eine medizinische Hundertschaft, also Ärzte und Sanitäter, die sich zusammengetan haben. In einer Kirche wurden vier voll funktionsfähige Operationssäle eingerichtet, da bekamen auch Leute medizinische Hilfe, die sich das sonst nicht leisten konnten. Es gibt zwar theoretisch ein öffentliches medizinisches System in der Ukraine – mit 0,41€ am Tag pro Patient. Da kann man sich ausrechnen, was das für eine Versorgung ist.

Es gab auch eine künstlerische Hundertschaft. Die war in ihrer Bedeutung nicht zu unterschätzen. Leute haben Gedichte vorgetragen und Lieder gesungen, sie haben erbeutete Polizeischilde bemalt und ausgestellt. Diese Leute haben ganz massiv dazu beigetragen, die alte ukrainische Dichtkunst und das alte Liedgut wieder bekannt zu machen, also zu mainstreamen. Bands haben auf Ukrainisch gesungen, Okean Elzy, die berühmteste Rockband in der Ukraine, ist aufgetreten. Plötzlich sind die alten Lieder wieder gespielt worden, die man seit achtzig Jahren nicht gehört hatte. Die sind jetzt sehr populär und werden auf TikTok gespielt.

FM: Sie werden jetzt auch in Deutschland auf Demos gesungen.

MW: Genau, die werden auch hier auf Demos gesungen.

Lustigerweise gibt es auf TikTok jetzt Lieder, die 1914 geschrieben wurden im Krieg gegen das Zarenreich. Auch das ist ein Beispiel dafür, dass viele Ukrainer jetzt wieder ihre Wurzeln entdecken in der Freiheit und der Selbstbestimmung.

Was es natürlich auch gab, war die Selbstverteidigungs-Hundertschaft. Diese Leute standen zwischen der Bewegung und der hochgerüsteten Spezialeinheit Berkut. Es stimmt, dass sich in dieser Bewegung später auch Rechte breitgemacht haben. Am Anfang waren da aber alle möglichen Leute, auch Kommunisten, Antifaschisten und Anarchisten. Gerade die Anarchisten waren natürlich sofort da, weil das ihr Ding ist, Selbstorganisation, Ablehnung von Herrschaft und so weiter. Aber man muss unterm Strich sagen, dass die Rechten sich international viel besser organisiert haben. Und die internationalen Linken kamen nicht zu Hilfe.

FM: Vielleicht gibt es davon nicht so viele?

MW: Ja und nein. Es gibt schon Netzwerke, aber die sind einfach nicht so stark. Die sind nicht so, dass sie sagen: »Okay, wir fahren jetzt nach Kiyv.« Da sind die Nazis anders drauf, ironischerweise sind die sich der Macht von Vernetzung in der Praxis scheinbar bewusster. Deshalb hat sich dieses Bild eingeprägt. Die Rechten sind eben Leute, die in Befehlsstrukturen denken und auf Kampf aus sind. Und weil sie oft die Führung übernommen haben und ganz vorne standen, waren die eben auch sichtbar. Das waren die Leute, die zwischen mir und den Wehren standen. Ich habe dieses Problem schon 2014 thematisiert und gesagt: »Vorsicht, Leute!« Aber das hat sich zum Glück dann nicht bewahrheitet. Sosehr sie 2014 ein sehr sichtbarer Bestandteil des Maidan waren, so wenig politisches Kapital haben sie daraus schlagen können. Bei Wahlen landen die entsprechenden Parteien bei 2 Prozent.

wbg: Wollen wir auch einmal auf andere historische Beispiele gucken? Das

Zelten vor Behörden und Rathäusern aus Protest ist ja zum Beispiel auch sehr üblich in Mexiko, aber da sind das Formen des Protests und des Streiks, die verpuffen. Das war in der Ukraine anders. Und ich habe an die Occupy-Wallstreet-Bewegung gedacht. Das waren lauter junge Leute, aber ohne den Rückhalt in der Bevölkerung.

Wenn Rousseau, wie vorher erwähnt, vom »sozialen Band« spricht, meint er genau das: dass man füreinander sorgt.

FM: Das gibt es auch in den USA, und dort ist es eine dauerhafte Sache. Es ist keine politische, sondern eine soziale Geschichte, der Begriff »soziales Band« passt da sehr gut. Das medizinische System dort ist ja eine Katastrophe für arme Leute, dieses Gesundheitssystem ist krank und wird sehr stark von großen Finanzinvestoren dominiert. Deshalb gibt es überall im Land Ärzte und Zahnärzte, die wie fliegende Händler praktizieren. Die bauen ihre Behandlungsstühle in Turnhallen auf und behandeln die Leute umsonst, die sonst keine Hilfe bekommen, weil sie nicht versichert sind. Das ist eine Form der Selbsthilfe in diesem kranken System.

MW: Ist das eine Organisation, die das macht oder ist das dezentral?

FM: Es sind viele verschiedene Gruppen, die sich da engagieren, und oft auch Einzelpersonen. Es gibt zum Beispiel auch Leute, die sich um Obdachlose kümmern. Und es gibt die Juristen, die Pro-Bono-Mandate ausüben. Das machen ganz viele Kanzleien. Es ist so eine Art Reparaturbetrieb, damit auch Menschen, die kein Geld haben, Recht bekommen können.

wbg: Stabilisiert das bei aller Hilfe aber nicht vielleicht gerade das ungerechte System? In der Ukraine ist ja wirklich darüber dann eine Veränderung angestoßen worden, die das System verändert hat.

MW: Ich bin nicht sicher, ob das so ist. Man kann das so sehen, dass so ein Reparaturbetrieb ein System stabilisiert. Natürlich ist es oft so, dass das System stabil läuft durch Selbstausbeutung, da müssen wir gar nicht in die USA gucken. Das läuft ja auch in unserem medizinischen Sektor so. Denken Sie zum Beispiel an die Selbstausbeutung der Pfleger. Die stabilisieren das System, indem sie sich überarbeiten und deutlich mehr machen, als sie physisch machen können. Das ist eine Falle, in der wir sicherlich drin sind, aber ich glaube nicht, dass diese Form von gegenseitiger Hilfe das neoliberale System wirklich stabilisiert. Denn jeder, der diese Form von Hilfe erfährt, und jeder, der diese Form von Hilfe gibt, also beide Parteien lernen, dass das indivudualistische Ellbogengeschubse nicht alternativlos ist. Ich glaube, dass dieses Lernen für Menschen sehr wertvoll ist. Ich bin auch überzeugt, dass auf dem Maidan viel gelernt wurde.

Ich habe damals eine interessante Begegnung gemacht, wo aus diesem Lernen Mut entstand. Ich stand an einem Abend auf den Barrikaden neben einem 19-jährigen Mädchen. Für den nächsten Tag sagte man voraus: »Morgen geht der Berkut rein.« Diese Spezialeinheit stand uns gegenüber in Reih und Glied, beleuchtet von den buchstäblich brennenden Barrikaden – es war sehr klischeehaft, wie in einem Film, aber so war es. Und was haben die Leute gemacht? Sie haben Pflastersteine aus dem Boden geholt.

Die Pflastersteine haben sie übrigens nach den Protesten alle fein säuberlich wieder zurückgelegt. Warum haben sie das gemacht? Weil ich nicht in mein eigenes Haus spucke und nicht zerstöre, was mir gehört. Auch das ist eine ganz wichtige Lehre dieser Tage. Es war immer sauber, dort haben immer Leute gefegt. Es gab einerseits diese schmutzigen Barrikaden, weil klar, wenn Reifen brennen, die hinterlassen ja auch diesen Schmierfilm. Und andererseits wurde immer gefegt und aufgeräumt und Müll weggebracht, es gab auf dem Platz keinen Müll.

Jedenfalls stand ich dort neben dieser 19-Jährigen, die auch einen Pflasterstein in der Hand hatte. Sie stand da mit ihrem Pflasterstein in der Hand und hat geweint. Ich habe gefragt: »Warum weinst du?« Sie hat gesagt: »Ich habe Angst.« Ich habe gesagt: »Alter, du bist 19, oder? Wenn du so viel Angst hast, warum bist du dann hier? Warum gehst du nicht nach Hause?« Darauf sie: »Wenn ich jetzt nach Hause gehe, habe ich morgen kein Zuhause mehr, dann habe ich nichts mehr, wohin ich zurückkehren kann.«

Und das ist der Moment, in dem ich verstanden habe, was sich verändert hatte. Und deshalb konnte ich mit Sicherheit sagen, als Putin am 24. Februar 2022 einmarschiert ist: Nö, die Ukrainer werden nicht kapitulieren, das wird einfach nicht passieren, weil sich dieses Verständnis in den letzten acht Jahren natürlich entwickelt hat von diesem Platz aus, dem Maidan, in die ganze Ukraine hinein. Wenn wir jetzt aufgeben, dann gibt es nichts mehr, wohin wir zurückgehen können. Wenn man einmal da war, dass man über sich selbst bestimmt, dass man frei ist von Gewaltherrschaft, von Überwachung, von Diktatur, wenn man einmal frei gesprochen hat, dann möchte man nicht mehr in das andere zurück.

Eben daraus entsteht dieser wahnsinnige Mut, darum zu kämpfen. Das ist das eine. Und auf der anderen Seite tatsächlich dieses Gefühl: Wir sind jetzt eine Gemeinschaft geworden. Vorher waren wir eine Bevölkerung, die man zersiedeln konnte, der man Sprachen verbieten oder aufzwingen konnte. Wir waren über so viele Jahre Verfügungsmasse, und jetzt sind wir eine Gemeinschaft! Dahinter möchte man nicht mehr zurück. Deswegen glaube ich so sehr an direkte Hilfe als politisches Mittel, auch wenn sie völlig apolitisch ist, wie Sie gesagt haben, Herr Mann. Diese medizinische Hilfe ist vielleicht nicht politisch gemeint, aber letztlich ist sie politisch.

FM: Eigentlich ja, obwohl es die Leute selber nicht merken.

wbg: Richtig, aber beide Parteien lernen daraus.

FM: Und darin hat Putin sich eben völlig getäuscht, als er meinte, die Bevölkerung würde ihn mit Blumen empfangen, wenn er da einmarschiert.

MW: Ich glaube nicht, dass Putin selbst davon ausging, dass die Bevölkerung ihn mit Blumen empfangen würde. Er hat ja diese Informationen selbst mit designt. Er ist sicherlich am Ende Opfer dessen geworden, aber ich glaube eher, er dachte, dass die Ukrainer sich verhalten würden wie sein eigenes Volk. Wenn er Moskau verlassen würde, lassen sie sofort die Waffen fallen und heben die Hände. Er dachte, dass das auch in der Ukraine passieren würde.

Deswegen sagte er: »Ich geh nach Kiyv, ich vertreibe Selenskyj, und dann haben die Leute nichts mehr, wofür sie kämpfen.« Er lebt eben immer noch in dem Mindset, dass das sozusagen Selenskyjs Stallburschen sind, die ihn verteidigen. Aber die Leute wollen überhaupt nichts von Selenskyj, denen ist auch egal, ob genau Selenskyj Präsident ist. Offen gesagt: Ich bin überzeugt, nach dem Krieg wird Selenskyj nicht Präsident bleiben, auch wenn er jetzt einen großartigen Job macht und die Leute ihm dankbar sind. Es geht den Leuten um Demokratie und Freiheit, nicht um Selenskyj.

***

FM: Wird es nach Kriegsende in der Ukraine so gehen wie in England, als Churchill abgesägt wurde, direkt nachdem er als großer Held gefeiert wurde?
wbg: Demokratie ist ja eben auch und im Kern das Recht, jemanden abzuwählen. Also genau das Gegenteil von dem, was Putin denkt. Er hat die Macht, und zwar bis zu seinem Tod.
MW: Wie würden Sie die Abwahl Churchills interpretieren?
FM: Ich habe mich das schon immer gefragt, ich weiß es nicht. Vielleicht denke ich immer noch ein bisschen zu undemokratisch, wenn ich sage: »Wieso? Er ist doch der Meister gewesen, oder?«

Vielleicht wollten sie sich nicht zu lang abhängig von ihm machen und haben jemand anderen im Kopf gehabt. Er hat jedenfalls 1947 nicht umsonst gesagt, Demokratie sei die schlechteste aller Staatsformen.
MW: Ich glaube, Demokratie ist allergisch auf Helden.
FM: Das ist ein interessanter Punkt. Aber Churchill war nicht nur ein Held, er war eine sehr schillernde Figur.
MW: Na, schauen wir uns doch mal Boris Johnson an, wenn wir von schillernden Figuren sprechen, die gewählt werden.

Meine Mutter hat aus einer tiefen Überzeugung heraus gesagt: »Selenskyj wird abgewählt, weil die Ukrainer niemanden als Präsidenten haben können, der auf Du und Du mit allen Weltherrschern ist und der als Held gefeiert wurde. Denn das macht einen misstrauisch.«
FM: In den USA 1945, als F. D. Roosevelt gestorben war, kam Truman an die Macht, und während seiner Präsidentschaft begann die McCarthy-Ära. Thomas Mann hat Roosevelt vergöttert, der konnte das gar nicht begreifen, dass dann so ein dummer Nachfolger kam. Dass auch das Demokratie ist, das hat er nicht kapiert. Er kam aus der Kaiserzeit, und Roosevelt war für ihn ein Aristokrat.

MW: Ich glaube, dass wir alle ein bisschen aristokratisches Denken in uns haben, wenn wir an Führung denken.
FM: Ja, immer noch mehr, als uns vielleicht bewusst ist. Das hierarchische Denken ist schwer aus den Köpfen und besonders aus den Herzen auszutreiben. Und deswegen war es dann wahrscheinlich gar kein so schlechter Schritt, dass Churchill erst mal für eine Weile verschwand, bevor er später noch mal Premier wurde.
wbg: Nehmen wir das Beispiel Thomas Mann: Wenn man das Gefühl hat, jemand, der an der Macht ist, ist einfach richtig gut, dann soll der doch bleiben. Bei Putin sehen wir allerdings, wozu eine Regel gut ist, die die Anzahl der möglichen Amtszeiten beschränkt. Anfangs galt eine solche ja auch in Russland, aber er ließ sie dann abschaffen.

Und der Churchill-Satz über die Demokratie geht ja weiter: »Sie ist die schlechteste aller Staatsformen, ausgenommen all die anderen, die man von Zeit zu Zeit ausprobiert hat.« Das Gute an der Demokratie ist ja gerade der Wechsel und die legale Möglichkeit dazu.
FM: Roosevelt konnte ja noch viermal ran. Aber danach wurde die vorher informelle Beschränkung auf zwei Amtszeiten zum Gesetz.
MW: Meine Erfahrungen in der Piratenpartei sind so: Die Partei hat eine selbstzerstörerische Tendenz, sie wurde immer wieder dafür kritisiert, dass sie genau die Leute, die medial erfolgreich waren, abgesägt hat. Sobald irgendjemand medial erfolgreich war, sofort weg mit ihm oder ihr. Da war ein tiefes Misstrauen gegenüber Popularität und Macht. Aber ich glaube, wir sind als Menschen noch nicht so weit, wir brauchen Gesichter.
FM: Ja, wir brauchen Gesichter.
MW: Wir brauchen Gesichter, wir brauchen bekannte Faktoren. Ich hatte in meinem ersten Buch postuliert, theoretisch könnte man das repräsentativ-demokratische System ersetzen durch ein liquid-demokratisches System. In dem hat jeder eine Stimme, praktisch wie direkte Demokratie, aber man kann die Stimme delegieren.

Das liquid-demokratische System ist also sozusagen der Kompromiss zwischen repräsentativer und direkter Demokratie. Die Leute sollen da nicht über Personen abstimmen, sondern über Dinge, also etwa, ob ich eine Finanztransaktionssteuer will oder nicht. Ich werde direkt gefragt, und ich kann darauf antworten. Oder ich kann sagen: »Oh, da kenne ich mich aber gar nicht mit aus, ich delegiere meine Stimme an meine Mutter, die Ökonomin ist.« Und meine Mutter sagt: »Ich kenne mich damit auch nicht gut aus, aber ich vertraue einem Ökonomen, der meine Richtung verfolgt und der das zu beantworten weiß.« Dann hat der drei Stimmen, nämlich meine, ihre und seine eigene. Und das bildet Netzwerke der Kompetenz. Inzwischen bin ich darauf gekommen, dass die Welt definitiv noch nicht so weit ist.

FM: Ja, das ist Zukunftsmusik.

MW: Es ist vielleicht Zukunftsmusik. Jedenfalls ist es ein System, das die Gewaltenteilung, die wir jetzt haben, nicht abbilden kann. Es kann die Mächtigen nicht beobachten, weil man gar nicht weiß, wer zu einem gegebenen Zeitpunkt bei welchem Thema der Mächtige ist.

FM: Wäre das so etwas wie erweiterte Selbstwirksamkeit?

MW: Richtig, richtig. Meine große These, die ich gerne ins Zentrum stellen würde, ist, dass wir in eine zweite Welle der Aufklärung kommen. Und wenn wir diese zweite Welle der Aufklärung durchgemacht haben, dann können wir über so ein politisches System nachdenken.

Im Moment brauchen wir Gesichter, denn wir funktionieren sehr stark über Vertrauen. Da steckt auch eine gewisse Intelligenz drin, weil wir durch intuitives Vertrauen viel sachliche Unkenntnis wettmachen. Denn unsere Intuition verarbeitet viele Informationen, ohne dass wir es wissen.

FM: Zum Maidan fallen mir zwei historische Parallelen ein: Das eine ist die berühmte Gründungsstunde der USA und das andere die friedliche Revolution in der DDR 1989.

Leipzig und die Montagsdemonstrationen hat ja sicher jeder im Kopf. Aber in Amerika wollten sich schon im 18. Jahrhundert die damaligen britischen Kolonialbürger wirklich selbstständig machen. Es gab 13 Kolonien, und im Osten, da waren sie am weitesten entwickelt, da kam es zur berühmten Boston Tea Party.

Die Engländer wollten ihren Tee loswerden, der in den Lagerhäusern verschimmelte, weil die Holländer einen günstigen Tee aus den Antillen hatten, und der lief wunderbar in Europa. Deshalb kam jemand in England auf die Idee, den Tee in die Kolonien zu verschicken und dafür Zölle zu erheben. Irgendwann entstanden unter den Kolonisten immer mehr Widerstandsgruppen gegen die indirekte Besteuerung in Form von Zöllen – *Sons of Liberty* hießen die auch noch so schön – und dann haben die ein Importverbot verfügt. Da gab es auch schon Kämpfe und Straßenkämpfe mit Toten.

Und dann kamen die Schiffe mit 300 Fässern Tee, für die die Engländer auch noch Geld haben wollten. Was die *Sons of Liberty* gemacht haben, das ist wirklich sehr interessant: Sie haben sich als Indianer verkleidet, angemalt und verkleidet, als wollten sie sich jetzt gegen die Engländer mit den Völkern, die sie ja selbst abgeschlachtet hatten, solidarisieren, um da ein Signal zu setzen. So sind sie auf die Schiffe gestürmt und haben dann innerhalb eines Tages 300 Fässer ins Meer gekippt. Das war der Anfang des Unabhängigkeitskriegs.

MW: Haben die das intrinsisch geglaubt, dass sie sich mit den Ureinwohnern solidarisieren in dem Moment?

FM: Das weiß man natürlich nicht, da gibt es keine Zeugnisse. Man hat einfach nur die Verkleidung beobachtet, und da gibt es natürlich verschiedene Interpretationen. Eine davon ist eben, dass sie sich solidarisiert haben – mit schlechtem Gewissen wahrscheinlich, und sicher zwiespältig. Aber sie wollten es denen mal richtig optisch zeigen, diesen Kolonialisten.

Ich sehe hier auch eine interessante Parallele zum US-amerikanischen Erntedankfest. Thanksgiving ist ja ein ganz wichtiger nationaler Feiertag. Der Überlieferung zufolge feierten die Pilgerväter es zusammen mit Einheimischen oder Indigenen, wie wir heute sagen würden.

Es gehört also, obwohl die Native Americans abgeschlachtet wurden, irgendwie auch zur US-amerikanischen Identität, sich mit Bezug auf die Indianer von den Engländern abzusetzen. Auch wenn es vielleicht eher eine Art von Folklore ist.

MW: Mich erinnert das total an die gelben Sterne bei den Corona-Protesten:

Man kleidet sich mit Identifikationszeichen der eigenen Opfer, um sich selbst als Opfer darzustellen. Ein Schutz vor Verantwortung.

FM: Das ist meines Erachtens nicht ganz richtig. Die englischen Kolonisten, die das Land besiedelten, waren ja von der Mayflower. Das waren ja Puritaner, die vor der Verfolgung durch die Church of England geflüchtet waren. Und aus denen kamen dann nicht nur die Verbrecher, die die Indianer dahinmordeten, sondern auch die Leute, die die Verfassung gemacht haben. Das waren ganz helle und integre Menschen.

Es ist wenig bekannt, dass die auch einige Irokesen nach ihren Erfahrungen befragt haben. Sie wollten wissen, wie das funktionierte, dass so verschiedene Stämme irgendwie eine Einheit bildeten, obwohl die einzelnen Stämme andererseits ihre Freiheit und ihre Autonomie behielten. So etwas Ähnliches wollten die Väter der Verfassung auch machen. Eine Zeit lang war ja die Überlegung gewesen, ob George Washington zum König gekrönt werden sollte wie in England. Aber von dieser Idee haben sie sich dann schlauerweise abgewendet.

Das war der erste wichtige Schritt zur amerikanischen Demokratie, bei dem sie diese Irokesen zurate gezogen haben, weil sie wussten, sie hatten 13 Kolonien, 13 unabhängige Länder, die nur lose verbunden waren. Und sie suchten nach einer Lösung, wie man ein föderales System aufbauen konnte, mit einem Zentrum. Dieses Zentrum wurde dann Washington, benannt nach George Washington. Man könnte also sagen, dass wir in gewisser Weise alle Urenkel, Nachfahren der Irokesen sind. So hat es Jürgen Trittin einmal in einem Gespräch formuliert, als ich ihm die Geschichte erzählte.

MW: Das finde ich einen ganz wichtigen Aspekt: den Rückbezug, also das Lernen von den vorstaatlichen Gesellschaften, von deren nicht-monarchischen Strukturen. Parallele Maidan: Rückbeziehung auf das Kosakentum. Es geht um das Lernen aus vorangehenden, dezentraleren Gemeinschaften, um das autoritäre Denken zu verlernen.

Und woran ich noch einen Pin machen muss, gedanklich, das ist der inhärente Rassismus und der Sexismus, der in der gesamten amerikanischen Verfassung steckt. Es war zwar eine liberale Bewegung, eine aufklärerische

Bewegung, aber die ganze Aufklärung trieft von diesem: »Alle Menschen haben gleiche Rechte, aber nicht alle sind Menschen«.

FM: Auffällig ist die schon fast wie eine Zerreißprobe wirkende Diskrepanz zwischen dem von Hannah Arendt gezeichneten Idealbild der demokratischen Verfassung der USA und der auch schon damals desparaten Wirklichkeit der dortigen politischen Verhältnisse.

Dies zeigt sich besonders in der Art, wie sie sich während des Vietnamkriegs mit hemmungsloser Kritik auf die über die Jahre an ihr vorbeiziehenden amerikanischen Administrationen einschießt. Dies hindert sie jedoch nicht daran, gleichzeitig an den in der amerikanischen Verfassung verankerten Ursprüngen der Konzeption einer »herrschaftsfreien Demokratie« oder auch »herrschaftsfreien Revolution« eisern und geradezu patriotisch festzuhalten und diese enthusiastisch als die reinste Form der Demokratie hervorzuheben.

MW: Ich finde das so wahnsinnig wichtig für das Verständnis, weil wir eigentlich gerne eine bestimmte Geschichte hören wollen: Dass es einen Underdog gibt und eine Revolution, und wenn die Revolutionäre etwas Gutes machen, dann sind sie die Guten und machen alles gut. Und in dem Moment, in dem wir merken, die machen eigentlich etwas schlecht, können sie nicht mehr die Guten sein.

Es ist so wichtig zu verstehen, dass es einerseits tatsächlich eine bahnbrechende, aufklärerische, positive Entwicklung war, die amerikanische Verfassung, die auf der anderen Seite aber zutiefst geprägt war von Rassismus und Sexismus. Damit waren diese Dinge für die zukünftige Gesellschaft mit angelegt. Aber die Verfassung hat sie sicherlich nicht hervorgebracht, die waren ja vorher auch schon da.

Das finde ich auch sehr wichtig, wenn wir über die Ukraine sprechen. Immer, wenn man sagt: »Ja, aber der Präsident, der da jetzt das Land verteidigt, ist korrupt.« Ja, ist er. Oder wenn man sagt: »Die Leute, die den Maidan gemacht haben, waren teilweise auch rechts!« Ja, waren sie, und was weiter? Was bedeutet das?

Wir werden, glaube ich, niemals zu einem solidarischen Kampf für eine

bessere Gesellschaft kommen, zu einer aufklärerischen Bewegung, wenn wir nicht damit umgehen können, dass Dinge nicht immer eindeutig sind, wenn in unseren Kopf nicht mehr als eine Idee gleichzeitig passt.
FM: Zurück zu den *Checks and Balances*. Soweit ich weiß, gab es durch die Pandora Papers Vorwürfe gegen Selenskyj, dass auch er Vermögen in Steueroasen versteckte. Und dann wollte er eine Richterin absetzen, aber das ist ihm nicht gelungen. Ist das nicht auch ein wichtiger Punkt, dass die Demokratie in dem Moment schon so stark war, dass ihm das nicht gelungen ist? Vielleicht gibt es tatsächlich eine Zukunft, in der so etwas wie Liquid Democracy möglich ist. Aber auch dann wird noch immer viel von einzelnen Personen abhängen, etwa von so einer Richterin, die widersteht.
Es ist so wichtig, dass es Personen gibt, die Ambivalenzen sehen und dann sagen: »Es ist nicht schwarz und nicht weiß, sondern es ist grau oder schwarz-weiß gesprenkelt, und das ist besser als schwarz.«
MW: Wir müssen einfach verstehen: Kapitalisten halten sich ja nicht aus allem raus und sagen nicht: »Das ist kein kapitalistischer Kampf, und das ist ein kapitalistischer Kampf.« Sondern Kapitalismus durchdringt alles, es geht drum, immer mehr Kapital anzuhäufen.

Arm sein ist halt teuer, arm sein kostet viel Geld. Arm sein macht ärmer, reich sein macht reicher. So ist unser System angelegt. Das heißt, jeder hat ein Interesse, aus jeder erdenklichen Situation auch Kapital zu schlagen. Das müssen wir immer im Hinterkopf haben bei jeder Art von Bewegung.
FM: Das hat in den USA über die Jahrhunderte zu einer völlig verwahrlosten Demokratie geführt. Das Geld, das kapitalistische System, das war von Anfang an ein Grundproblem. Das haben die nicht gesehen damals, das wollten die nicht sehen. Und George Washington hat auch Sklaven gehalten …
MW: Und jetzt feiert »Hamilton«, das Musical, große Erfolge, und da ist Hamilton halt gegen die Sklaverei …
FM: Wobei das ein tolles Musical ist, und es ist ja auch von Leuten produziert, die nicht aus der weißen Mehrheitsgesellschaft stammen. Hamilton selbst hatte ja auch keinen ganz weißen Hintergrund.
MW: Ich kenne es auswendig.

wbg: Das ist schon eine interessante Aneignung der amerikanischen Geschichte.

Auch das ist eine wichtige Frage, wie man sich etwas aneignet oder ob man es auf eine bestimmte Art für immer verdammen will. Hier komme ich wieder auf das, was Sie, Frau Weisband, eben schon angetippt haben: Dass man aus dem Schwarz-Weiß-Denken immer wieder raus muss. Dass man, wie Sie, Herr Mann, so schön gesagt haben, schwarz-weiß gesprenkelt denken muss.

MW: Jetzt kommen wir zu einem interessanten Punkt. Ich habe ja gerade kritisiert, dass Menschen Geschichten mögen und deswegen alles gerne in strahlenden Farben malen. Andererseits sind genau diese Geschichten und diese Verklärung das, was diese Bewegungen ansteckend macht. Die Fähigkeit, etwas mit Stolz erzählen zu können, ist ganz wichtig.

Ich glaube, die Geschichte des Maidan kann man trotz aller Schattenseiten mit Stolz erzählen. Insgesamt betrachtet, war es ein Wunderwerk menschlicher Zusammenarbeit und Solidarität. Selbst diese Rechten, die den Auto-Maidan gemacht haben, also wieder eine Hundertschaft, die motorisiert war mit Autos: Als es Gerüchte gab, dass Synagogen angegriffen würden, haben sie die Synagogen verteidigt. Es waren Gerüchte gestreut worden, dass Synagogen angegriffen werden sollten. Überall in der Stadt waren damals russische Agenten, die sogenannten Tituschky: russische Schlägertrupps, die wurden bezahlt, wurden mit Bussen angekarrt. Was die viel gemacht haben, waren False-Flag-Operations. Und natürlich hätte es sehr gut ins Bild gepasst zu sagen: »Ah, die Nazis in Kiyv überfallen die Synagogen.« Aber das Gegenteil ist passiert: Die Rechten haben die Synagogen beschützt.

Da wurden also auch Grenzen sozusagen weichgezeichnet, zumal es in der Ukraine sowieso keinen ethnischen Nationalismus gibt.

FM: Aha, die blauen Zelte?

MW: Nein, die waren 2004 gewesen. 2014 gab es den Anti-Maidan. Die Leute dort sprachen alle Russisch und benutzten russische Vokabeln, die nur in Russland gebräuchlich sind. Das heißt, die Auseinandersetzung war keine rein innerukrainische, sondern wurde vor allem durch Russland betrieben.

Und auf der anderen Seite gab immer wieder Störaktionen auf dem Maidan, es gab immer wieder False-Flag-Operations, es gab diese harten Desinformationskampagnen, ich habe das live erlebt. Ich war in der Stadt, und ich hatte deutsches Twitter. Ich folge sehr vielen Linken, die aber nicht nur links, sondern auch sehr russlandfreundlich sind und viele Informationen von da bekommen. Deshalb hatte ich ständig in meinem Feed Tweets wie: »Guck mal, hier hängt am Rathaus ein Hitler-Poster.« Ich bin dann einfach zu dem Rathaus gegangen, ich war ja ganz in der Nähe, und habe fotografiert, was da hing: der Dichter und Maler Taras Schewtschenko. Es war also reines Photoshop, man kann das meist auch mit bloßem Augen sehen oder eben untersuchen, aber es wird gepostet. Ich habe also ganz aus der Nähe erlebt, wie diese Propaganda hergestellt wurde.

Wann hat diese Propaganda, diese harte Desinformation angefangen? Wann las man in den ersten sozialen Netzwerken in Moskau und in Petersburg: »Hey, guck mal, was die Ukrainer da machen. Eigentlich geil, oder? Eigentlich könnte man ja …«.

Das war eigentlich der Beginn des Krieges – schon auf diesem Maidan im Winter 2014: Als die Desinformation losging, als versucht wurde, das als Nazi-Bewegung darzustellen. Das hat zu keinem Zeitpunkt gestimmt, schon gar nicht am Anfang. Eine kurze Zeit waren die Nazis sichtbarer, aber dann wurden sie politisch besiegt. Ich glaube, das war auch folgerichtig, weil es ja eine Revolution der Selbstwirksamkeit war. Das passt überhaupt nicht zu Nazi-Strukturen, das passt nicht zu diesem Untertanendenken.

FM: Die Unterstellung, dass die Ukrainer Nazis seien, war also von Anfang an Teil der Kriegsführung? Dabei ist das ja eine Projektion, was Putin und Lawrow da sagen. Wer ist denn hier Nazi?

MW: Das ist doch die älteste Nazi-Taktik, dem Gegner genau das vorzuwerfen, was du machst. Aber es hat mich nicht überrascht, dass die ukrainischen Nazis daraus keinerlei politisches Kapital geschlagen haben, weil es den Leuten auf dem Platz um etwas ganz anderes ging.

wbg: Warum sprechen Sie von Nazis und nicht von Rechtsradikalen? Leistet man damit der Putin-Propaganda nicht Vorschub?
MW: Putins Propaganda leistet man Vorschub, wenn man die Realität nicht abbildet. Sowohl »es gibt keine Nazis in der Ukraine« als auch »Maidan war ein Nazi-Putsch« wären halt Lügen. Ich sage »Nazis« auch deshalb, weil Gruppen wie die Partei Swoboda sich ganz direkt auf Nazi-Ikonografie beziehen. Um die Gemengelage der ukrainischen Rechtsradikalen zu verstehen, muss man aber auch eine Menge Geschichte lernen. Zum Beispiele beziehen sich ja viele auf den Nationalistenführer Stepan Bandera. Und warum war Bandera ein Held? Nicht weil er mit den Nazis kooperiert hat, sondern weil er gegen Stalin vorgegangen ist.

Die Reaktion auf den Holodomor, das war die Reaktion auf eine Fremdbesatzung, die in dem Moment als schlimmer empfunden wurde als die Nazis. Teilweise wurden ja die Deutschen, als sie in die Ukraine einmarschiert sind, tatsächlich mit Blumen empfangen, weil man sie als Befreier von dem schlimmeren Unterdrücker gesehen hatte. Es waren ja ganze Dörfer ausgestorben, meine Urgroßmutter hat Tapete gegessen und Schuhsohlen. Und dann kommt eine Armee und entsetzt diese Dörfer. Das wird gefeiert, das ist zunächst mal oft die normale Reaktion. Deswegen ist die historische Wahrnehmung von Bandera bei vielen, gerade in der West-Ukraine, einfach ganz anders.

Ich will das hier aber nicht verteidigen, ich halte das für sehr gefährlich. Ich habe mich mit den Leuten viel unterhalten, ich habe mich auch mit dem Rechten Sektor viel unterhalten, um das zu verstehen. Denn deren Ideologie unterscheidet sich von ihren Unterstützern, zum Beispiel in Deutschland. Hier werden sie zum Beispiel vom »III. Weg« unterstützt. Da habe ich keine Hemmungen, diese Leute Nazis zu nennen.

Aber von der Ideologie des III. Wegs unterscheidet sich das, was wir in der Ukraine sehen, schon sehr stark, zum Beispiel dadurch, dass es dort keinen Ethnonationalismus gibt, keinen Ethnonationalismus geben kann. Denn es gibt keine ethnisch reinen Ukrainer. Man sagt in der Ukraine: »Wir haben kein Blut, wir haben Borschtsch.« Denn bei uns gibt es keine Familie ohne

Juden, es gibt keine Familie ohne Roma und Tataren und was da alles drin ist. Meine Familie ist genau so, einer meiner Großväter war beispielsweise Rom. Alle sind irgendwie komisch durchmischt, und das ist auch okay.

***

wbg: Ihre Augenzeugenberichte vom Maidan zeigen uns, dass die Ereignisse in der Ukraine in Deutschland durch eine ziemlich einseitige Brille wahrgenommen wurden. Haben wir auch in Russland nicht genau genug hingeschaut?

MW: Putin hat dem Westen sehr einseitig den Krieg erklärt vor acht Jahren, und wir haben einfach verschlafen, das zur Kenntnis zu nehmen. Wir haben uns einseitig einfach geweigert, diesen Krieg zu führen. Ich habe bis heute von keinem Ministerium in Deutschland irgendeine Art von Strategie gehört, wie man mit Disruptionskampagnen aus dem Ausland umgeht.

Wir haben ein paar Konferenzen zu dem Thema, aber das ist auch schon alles. Und das ist am Ende ein Akt der Hilflosigkeit: eine Konferenz abzuhalten, ein Gremium einzuberufen, Arbeitskreise. Das ist das, was, glaube ich, Putin als den schwachen Westen sieht, und zu Recht.

Es wäre in dieser Zeit Aufgabe des Bundeskanzlers oder noch mehr des Bundespräsidenten, unseres repräsentativen Staatsoberhaupts, diese Situation für uns einzuordnen, zu sagen: »Leute, wir wissen, dass in diesen schwierigen Zeiten vieles wieder in Unsicherheit geraten ist und geraten wird, was vorher sicher schien. Aber das ist jetzt die Zeit, in der wir lernen, dass wir unseren Wohlstand und unsere Demokratie und unsere Freiheit nicht geschenkt bekommen. Wir müssen bereit sein, sie zu verteidigen, und zwar solidarisch mit allen demokratischen Staaten.« Aber keiner von beiden findet sich in der Position, das zu tun – also es tun zu wollen oder tun zu können.

FM: In den Obama-Jahren in den USA gab es das: eine Aufbruchsstimmung. Und Obama hat ja solche Reden gehalten. Der konnte reden! Aber dann kam Trump.

MW: Das Problem ist, dass wir in einem Staat leben, der sehr bürokratisch organisiert ist und in dem die meisten Entscheidungen aus Verwaltungslogik heraus getroffen werden. Uns fehlt so etwas wie eine klar formulierte Vision, eine öffentliche Debatte mit Konsequenzen und dem Willen, diese Konsequenzen auch durchzusetzen. Und ich bemerke, wie leicht es ist, Dinge zum Scheitern zu bringen, wenn man einfach nur am richtigen Schreibtisch sitzt. Da kann ein Ministerialbeamter große Prozesse einfach durch Verzögern zunichtemachen.

Wir haben im Moment keine Wahl, wenn wir um Demokratie kämpfen wollen. Wir können uns nicht nur auf die offiziellen Strukturen verlassen, und das liegt auch, glaube ich, so ein bisschen im Wesen der Sache. Wir müssen direkte Hilfe machen. Wenn ich ukrainische Flüchtlinge unterbringe, dann mache ich das grundsätzlich an den Kommunen vorbei, leider, weil die Kommunen die Hilfsangebote nicht vermitteln. Es gibt Hilfsangebote, und es gibt Hilfegesuche, aber bei den Kommunen kommen sie oft nicht zusammen. Natürlich ist das von Kommune zu Kommune unterschiedlich, aber vieles müssen wir am Staat vorbei machen. Wir müssen Hilfe für die Ukraine am Staat vorbei organisieren. Ich organisiere die ganze Zeit Ausrüstung und Material für die Ukraine über Reenacter-Vereine. Und andere Leute mieten Lkws und transportieren die Sachen dahin.

Auch die richtige Kommunikation ist sehr wichtig: Menschen leben von Geschichten, und Menschen versuchen, ihre Umwelt zu verstehen durch Geschichten und durch Gesichter. Deshalb ist Kommunikation ein ganz wichtiger Bestandteil, weshalb ich immer so auf die Rolle des Kanzlers dränge, weil er einfach in dieser Rolle ist. Er hat das Wort »Zeitenwende« in den Mund genommen, nicht ich.

Und nichts folgen zu lassen, ist fatal, und das bedeutet für uns: Wir müssen dezentral – wie das schon immer übers Internet gelaufen ist – kommunizieren, jeder, was er kann, jeder aus seinem Erfahrungshorizont heraus. Und zwar nicht nur die Bedrohungslage kommunizieren, denn das erschöpft Menschen, sondern auch positive Visionen von einer Zukunft, wie sie sein könnte.

FM: Ja, das ist unser Job hier. Wer seinen Job auf dieser Ebene sehr gut macht, ist der ukrainische Präsident.

wbg: Geschichtenerzählen, das war ja auch Selenskyjs Beruf, bevor er Präsident wurde. Als er die Wahlen gewonnen hatte, dachten viele im Westen, da käme das nächste durch Fernseh-Shows bekannt gewordene Gesicht an die Macht, so wie zuvor Donald Trump. Aber spätestens jetzt sehen wir, dass das eine völlig falsche Wahrnehmung war. Denn bei Trump war es die menschenverachtende Reality-Casting-Show »The Apprentice«, deren Höhepunkt immer der von Trump gesagte Satz »You are fired« war. Selenskyj hingegen ist ein ganz anderes Kaliber. Er hat nicht nur ein abgeschlossenes Jurastudium, sondern war ein erfolgreicher Schauspieler, Kabarettist, Autor und Produzent. Er war der Erfinder, Produzent und Hauptdarsteller der satirischen Fernsehserie »Diener des Volkes«. Bei dem einen also ein TV-Format der Selbstdarstellung und Menschenverachtung, bei dem anderen Witz, Satire und Ironie, also intelligente Fernsehunterhaltung.
FM: Das stimmt. Im Westen wussten das die wenigsten. Was über Selenskyj geschrieben wurde, war, dass er die Marionette eines Oligarchen sei.
MW: Auch in der Ukraine waren sich viele 2019 nicht sicher, was seine Beziehung zu Ihor Kolomojskyj, dem besagten Oligarchen, betraf. Er war vor dem Krieg sicher nicht der beliebteste Präsident. Wichtig an dieser Wahl war aber schon allein die Tatsache, dass man in einer Demokratie jemanden abwählen kann.

Und da ist noch ein anderer Aspekt: die sich verändernde Öffentlichkeit, die Buchdruck-Kultur, die sich auflehnt gegen ihre Ablösung durch die Kultur der Digitalität. Die klügeren Intellektuellen verstehen das und passen sich an. Die anderen lehnen sich halt auf und kämpfen um Aufmerksamkeit. Und das machen sie, indem sie die reißerischen Themen bedienen. Es ist ja so, dass es Aufmerksamkeit verschafft in der Öffentlichkeit, wenn man einfach mal etwas Grenzdebiles sagt.

Der tiefere Zusammenhang auch mit den Präsidenten, die vorher im Fernsehen waren, ist ein Mechanismus, der uns zeigt: Menschen, Helden und Geschichten können gefährlich sein, weil sie mächtig sind. Die Geschichte ist ein Machtinstrument, und ein bekannter Mensch ist eine Projektionsfläche und als solche auch ein Machtinstrument. Das kann in beide

Richtungen gehen, das kann man zum Guten nutzen oder zum Schlechten. Beide sind gefährlich, aber unverzichtbar.

Die Piratenpartei hat sich immer gegen die Leute aufgelehnt, die bekannter geworden sind, und gesagt, die müssten jetzt ausgetauscht werden, weil man ihnen nicht mehr vertrauen könne. »Die machen das jetzt für sich und ihren Fame«, hieß es. Wir hatten damals die Ansage »Themen statt Köpfe«, aber das funktioniert halt nicht. Wir Menschen brauchen Geschichten und Gesichter. Und wir haben in der progressiven, prodemokratischen Bewegung viel zu wenige Geschichten oder Bilder oder Visionen oder Menschen, die dafür stehen.

FM: Die Ukraine hat das im Moment. Sie hat Gesichter und Geschichten. 2014 waren die Ukrainer ja militärisch tatsächlich nicht in der Lage, dagegenzuhalten. Und wir im Westen waren überrascht, dass sie es jetzt sind.

MW: Die Ukrainer leben, das unterschätzen wir im Westen, eben seit acht Jahren im Krieg, seit acht Jahren beginnt jede Nachrichtensendung mit Opferzahlen. Und zwar die ganzen acht Jahre hindurch, da war keine Pause. Die Ukraine ist seit acht Jahren im Krieg. Sie hat aufgerüstet.

FM: Das ist ja eine riesige politische Leistung, dass sie so umgesteuert haben, ohne dabei die Gesellschaft an der Oberfläche in Panik zu versetzen.

MW: Ich glaube, vielen Ukrainern war es klar. Oleksij Arestowych, der Berater von Selenskyj, hat 2019 gesagt: »Ja, natürlich werden die Russen uns nicht ohne Krieg in die NATO lassen, und ich denke, die Jahre 21/22 werden da interessant. Da wird noch mal ein großer Krieg kommen.« Das hat er gesagt, und darauf hat er sich natürlich auch politisch vorbereitet.

wbg: Manches weiß man ja sogar inzwischen schon über die Ausbildung und so. Das ist ebenfalls mit großem Sachverstand und klugem Leisetreten gemacht worden.

MW: Und das ist halt dann wieder der deutsche Chauvinist, der jetzt sagen muss: »Nein, wir schicken ihnen keine Marder, weil die Ukrainer daran gar nicht ausgebildet sind.« Die Ukraine bestellt und bezahlt, aber sie kriegt keine Marder, denn: »Ach, ihr könnt damit doch gar nicht umgehen.« Wieviel Chauvinismus muss man haben, das als öffentliche Begründung herzunehmen?

Wer hat das gesagt: »Freiheit ist die Einsicht in die Notwendigkeit«?

FM: Das geht auf Hegel zurück.

MW: »Freiheit ist die Einsicht in die Notwendigkeit.« Die Ukrainer verstehen das. Die Ukrainer kämpfen für ihre Freiheit, und sie verstehen, was dafür notwendig ist. Und sie alle, also wirklich alle, von den Kindern bis zu den Alten, bringen persönliche Opfer. Ich krieg das ja mit in meiner Familie. Sie bringen diese Opfer, weil sie deren Notwendigkeit verstehen.

Aber was verstehen »wir« davon? Mit »wir« meine ich jetzt Frankreich, Deutschland, Westeuropa. Diese Länder handeln so oft nicht in einer Zeit, in der nichts so gefährlich ist, wie nicht zu handeln. Jedes Handeln gibt uns Freiheit. Aber wenn wir nicht handeln, dann verlieren wir. Und das kostet uns Freiheit.

Eine Demokratie, die sich selbst nicht verteidigen kann, die auch keinen Sinn darin sieht, sich zu verteidigen, ist keine lebendige Demokratie. Sie ist dem Tode geweiht.

***

MW: Wir erleben jetzt eine Zeitenwende. Die Leute sind aufgewacht durch den Einmarsch Russlands in die Ukraine. Aber in Wirklichkeit sind die Ursachen ganz andere. Die Zeitenwende ist eigentlich das Ende der Industriegesellschaft und das Ende unseres derzeitigen Wirtschaftens.

Meiner Meinung nach ist es nicht in erster Linie eine militärische Zeitenwende, und sie hat wenig mit diesem Sondervermögen zu tun. Sondern es ist in erster Linie die Zeitenwende, wo wir aufwachen müssen und sehen: Wir haben bisher so gewirtschaftet, dass wir billige Ressourcen und billige Energie hatten dadurch, dass wir die Kosten für Sicherheit und Zukunft, für das Überleben des Planeten, für menschliche Arbeitsbedingungen, Bürgerrechte usw. ausgelagert haben. Die sind nicht im Produktpreis inbegriffen, deswegen ist der Produktpreis so niedrig. Den Rest bezahlen alle, den Rest bezahlt die Gemeinschaft. Besonders viel bezahlen die Menschen im globalen Süden, sehr viele Menschen, deren Arbeit ausgebeutet wird, und unsere Kinder und Enkel. Die werden nicht mehr im Frieden leben können, die werden nicht mehr mit reichen Ernten leben können, die werden nicht mehr ohne Massenflucht leben können.

Das alles muss eingepreist werden in das, was wir produzieren und konsumieren. Das muss alles eingepreist werden, allein, um dem Markt tatsächlich Rechnung zu tragen. Wenn wir schon sagen »freier Markt«, dann können wir nicht einfach versteckte Kosten der Allgemeinheit aufbürden, sondern die Menschen, die Dinge verbrauchen, müssen auch dafür bezahlen. Und Wirtschaftsmodelle wie unsere gesamte Auto- oder Chemieindustrie, die darauf basieren, dass sie massiv subventioniert werden, dass sie sehr billige Ressourcen bekommen – auf Kosten von Sicherheit, nationaler Unabhängigkeit oder der Zukunft –, die müssen ihr Geschäftsmodell anpassen. Sie müssen es so anpassen, dass es profitabel ist, auch wenn diese Kosten mit eingepreist werden.

Das ist aus meiner Sicht ein wesentlicher Bestandteil dieser Zeitenwende. Denn wir haben gelernt: Frieden ist nicht umsonst, Sicherheit ist nicht kostenlos zu haben. Wenn wir die Kosten nicht bezahlen, dann heißt das, wir haben auch keine Sicherheit. Und unsere Sicherheit in Europa ist im Moment ganz konkret in Gefahr dadurch, dass wir lange billige Ressourcen genutzt haben, ohne darüber nachzudenken, wo sie eigentlich herkommen und warum wir sie so billig kriegen. Das ist uns jetzt auf die Füße gefallen. Eigentlich ja schon sehr viel länger: Stichwort Klimawandel.

Und das ist auch der Grund, warum die Grünen als einzige Partei nicht diesen Weg gegangen sind und zum Beispiel klar gegen Nord Stream 2 votiert haben. Das liegt, glaube ich, daran, dass die Grünen als Partei, die sich dem Umweltschutz verschrieben hat, sozusagen konstitutionell die versteckten Kosten sehen. Das ist einfach Kernbestandteil der Partei-Ideologie, dass man auch die versteckten Kosten sieht bei wirtschaftlich angeblich guten Deals, die in Wirklichkeit sehr hohe Folgekosten für die Allgemeinheit nach sich ziehen.

Ich würde sagen, dass wir überall, wo wir angebliche Vorteile nutzen und dabei Menschenrechtsverletzungen und Autoritarismus in Kauf nehmen, auf die Dauer wirtschaftliche Verlierer sein werden, weil wir uns abhängig machen. Das betrifft auch den Handel mit Katar oder mit China. Natürlich kann man in Ländern, wo Menschenrechte mit Füßen getreten werden, billiger produzieren.

Wir glauben ja gern, das seien zwei verschiedene Kategorien, das Moralische und das Wirtschaftliche, und als gewinnorientiertes Unternehmen müsse ich natürlich in erster Linie auf das Wirtschaftliche achten. Aber ich glaube, ein Bestandteil der Zeitenwende ist, zu verstehen, dass das eben keine getrennten Kategorien sind. Das »Moralische« wirkt sich immer auch auf das Wirtschaftliche aus. Wenn wir uns in eine Abhängigkeit von autoritären Staaten begeben, kommen wir aus der auch dann nicht mehr raus, wenn es uns selbst wirtschaftlich schadet, weil es zum Beispiel das Klima oder die internationale Sicherheit ruiniert. Stabiles Klima und internationale Sicherheit sind aber ganz wichtige Faktoren, und auch die Sicherheit von Investitionen, die ja mit einer gewissen Kontrolle einer Regierung einhergeht, ist ein ganz wichtiger wirtschaftlicher Faktor. Auf diese drei kann man nicht verzichten!

Wir haben es in Russland erlebt, wie es ist, wenn man ein autoritäres Regime hat, das jederzeit jedem sein ganzes Unternehmen wegnehmen kann, wie das bei Michail Chodorkowski der Fall war. Dann investieren die Leute nicht mehr – das gilt für die russischen wie für die ukrainischen Oligarchen. Warum haben die goldene Kloschüsseln oder Fensterbänke aus Onyx und Fenster aus Kristall? Weil es der einzige Weg ist, wie sie ihr Vermögen irgendwohin tun können. Denn sie müssten ja schön blöd sein, in etwas zu investieren, das ihnen jederzeit weggenommen werden kann.

FM: In Russland hat sich ja nicht etwa eine blühende Industrie entwickelt, sondern das Einzige, was stattfindet, ist die Ausbeutung der Bodenschätze, damit Geld reinkommt. Und von dem Geld werden Waffen gebaut und Fernsehkanäle finanziert, die das Volk verdummen. Es findet ja eine vollkommene wirtschaftliche Verarmung und Verödung statt in dem Land.

MW: Ja. Aber auch ein System wie in China, wo ganz stark auf die Industrie gesetzt wird – das ist der mir wichtige Punkt zu China –, ist darauf angelegt, dass einem jederzeit alles genommen werden kann. Allein dadurch, dass das Regime diese massive soziale Kontrolle über den Alltag aller seiner Bürger praktiziert, kann es ganz leicht sagen: »Wir machen jetzt übrigens, was wir wollen, und nehmen dir dein Unternehmen weg.« Jack Ma, der Gründer von Alibaba, ist da ein Beispiel. Zuletzt gab es massive Crackdowns gegen Digitalunternehmen. Der Staat verdeutlicht seine Macht.

Ich glaube, der Punkt, der an dieser Stelle für uns relevant ist, ist der folgende: Ich kann nicht komplett kommerzielle Interessen von Werten entkoppeln, weil die Wirtschaft auf Vertragssicherheit basiert und Vertragssicherheit aus geteilten Werten entsteht. Das kann Herr Habeck im Moment besser erklären als andere, weil den Grünen genau das früher immer vorgehalten worden ist, dass die Moral ihnen so wichtig ist. Das waren ja die, die sagten, man solle nicht so viel fliegen und nicht dies oder das tun, also die Anti-Spaß-Partei. Aber der Witz ist, dass sie genau diese Zusammenhänge verstanden haben.

FM: Man könnte das, was Sie hier beschreiben, vielleicht als »neues soziales Band« bezeichnen – ein Band, das auch die ökologischen Aspekte einschließt. Es würde mit echten Kosten-Nutzen-Rechnungen arbeiten und den Umgang mit der Erde und mit unseren Ressourcen berücksichtigen – es wäre also auch ein grünes Band.

Vielleicht kommen wir jetzt wirklich an einen Punkt der Umkehr, zu der man vorher nicht in der Lage war. Dabei hat es ja immer schon Bestrebungen gegeben, auf ehrliche Weise ein besseres Leben zu führen, das weniger zerstörerisch ist. Denken wir zum Beispiel an die religiösen Gruppen, die in Amerika ein besseres Leben führen wollten, etwa die Quäker.

MW: Derzeit sind viele Menschen verunsichert und haben Angst. Wir leben in einer Zeit, in der sich plötzlich wieder herausstellt, dass es Dinge gibt, um die wir kämpfen müssen – um die wir akut kämpfen müssen: Das ist das Überleben des Planeten als für unser Leben, für unsere Zivilisationen geeigneter Planet. Die Menschheit wird irgendwie überleben, aber ob die Zivilisationen überleben werden, das ist eine andere Frage.

DIE GESELLSCHAFT, DAS SIND WIR ALLE

Abstiegsangst | Industriegesellschaft | Informationsgesellschaft | Resilienz | Selbstwirksamkeit | Soziale Medien | Sozialisation | Talkshows

MW: Eine der zentralen Gefahren für die Demokratie ist meines Erachtens die Angst vor Kontrollverlust, und zwar auf mehreren Ebenen und in vielerlei Hinsicht. Wir leben gerade in einer Zeit des Wandels, wandeln uns von der Industriegesellschaft zur Informationsgesellschaft. Das heißt, alte Machtstrukturen werden infrage gestellt; das heißt, Normen und Werte ändern sich. Gleichzeitig sind wir auch mitten in der Klima-Katastrophe. Wir werden Wohlstand verlieren, das wird ganz sicher passieren. Das haben wir uns eingebrockt, weil die letzten Generationen auf Pump gelebt haben.

Menschen haben Abstiegsangst, und zwar nicht nur finanziell, das ist ganz, ganz wichtig zu verstehen. Es gibt auch soziale Abstiegsangst. Ich stelle mir die Frage: Bin ich überhaupt noch etwas wert? Wenn ich ein älterer Mann bin, denke ich: Ist eigentlich alles, was ich in meinem Leben gelernt habe, alles, was ich meinen Kindern weitergeben könnte an Werten, Normen, Wissen, ist das alles überholt? Bin ich überflüssig? Ich glaube, diese Frage: »Bin ich überflüssig in der Welt der Zukunft?«, die bewegt so viele Menschen auf verschiedensten Ebenen. Auch reiche Menschen sind davor nicht sicher. Niemand ist davor sicher.

Und das kann zu zwei Dingen führen: Eine Möglichkeit ist der Rückzug ins Private. Ich habe so viel Angst, ich fühle mich so überflüssig, ich verliere den Anschluss – ich kümmer mich einfach um gar nichts mehr, lebe entweder hedonistisch oder mache gar nichts mehr.

Oder man lehnt sich dagegen auf. Dann kommt es zum Phänomen der Reaktanz: Ich kämpfe gegen dieses ominöse Neue, ich suche die Menschen, die das angeblich verursachen, und ich versuche zurückzukommen. Ja, ich versuche zurückzukommen in eine imaginäre Zeit, in der ich mir sicher sein konnte, dass ich etwas wert bin.

Nehmen wir »Make America great again.« Oder nehmen wir Putin. Und deswegen ist auch in Ostdeutschland so eine instabile politische Lage, weil das alles Menschen sind, die in den 1990ern die Erfahrung gemacht haben, dass ihre ganzen Lebensentwürfe und Arbeitsstellen mit einem Schlag nichts mehr wert waren. Selbst wenn sie vorher unter der Diktatur gelitten hatten, hatten sie trotzdem eine gewisse Sicherheit am nächsten

Tag. Das kann ich sagen, von meiner eigenen Familiengeschichte aus der Sowjetunion.

Diese Form von Reaktanz ist gefährlich, zumal Menschen, die Angst vor Kontrollverlust haben, auch sehr, sehr schlecht Menschen tolerieren können, die keine Angst vor Kontrollverlust haben. Jemand, der sich ohnmächtig fühlt, versucht, andere ohnmächtig zu machen. Und das ist ein tiefes Problem.

Ich habe zum Beispiel Lehrer, die mega-gestresst sind, die super gegängelt sind, die total von ihrer Schulleitung und dem Schulträger abhängig sind. Die werden vom Curriculum zugestopft, die müssen einfach nur zeigen, dass ihre Schüler vernünftige Noten haben. Die stehen total unter Druck, vom Staat, von den Eltern, von allen. Die haben kaum Gestaltungsfreiheit für ihren Unterricht. Wie sollen die ihren Schülern beibringen, Gestaltungsfreiheit zu erleben? Wie sollen die Demokratie vermitteln? Jemand, der selbst unter Druck steht, kann das überhaupt nicht. Ich brauche ja Beispiele und Vorbilder, und diese Beispiele und Vorbilder müssen sich selbst selbstwirksam fühlen.

Ebenso im Arbeitssektor. Ganz viele von uns haben eine Arbeit, in der wir zu Dingen gezwungen werden, tagein, tagaus, und die ganze Zeit Druck haben und Angst um unseren Job. Und unsere Chefs haben auch Druck und die geben den weiter. Ohnmacht gebiert Ohnmacht, Selbstwirksamkeit gebiert Selbstwirksamkeit. Denn wenn ich selbstwirksam bin, wenn ich mich als Gestalter der Gesellschaft fühle, dann fühle ich in mir auch die Kraft, andere aufzubauen.

Diese Dinge sind wie Kettenreaktionen, und die Frage ist: Wo beginnen wir, so eine Kettenreaktion im Kleinen in Gang zu setzen? Damit sie sich verbreiten kann, weil sie ansteckend ist. Wir brauchen eine Pandemie von Selbstwirksamkeit.

FM: Das können wir nur schaffen, wenn wir den ganzen Menschen erreichen, nicht nur den Verstand. Und es ist sehr wichtig, um die große Gefahr abzuwehren, dass die Menschen, die sich allein gelassen fühlen und Angst und Kontrollverlust aufbauen oder hochschaukeln, dass die in den Extremismus flüchten, weil sie darin ein Stück Heimat finden. Sie lassen sich verführen von Leuten, die ihnen sagen: »Du darfst dir das doch nicht gefallen lassen, du weißt doch.«

So können sich Gruppen bilden, die dann immer gefährlicher werden. Ich denke auch an die sich abgehängt fühlenden Menschen in den neuen Bundesländern, besonders in ländlichen Gegenden. Da gibt es keine ärztliche Versorgung, keine Schulen, nichts. Und dann kommen die Rechtsextremen, wie früher in der Weimarer Republik: »Da kriegst du Arbeit! Wenn du diese braune Uniform anziehst, dann bist du wer!« Das ist eine menschliche Konstante, die uns dazu aufrufen sollte, möglichst früh »Stopp« zu sagen und die Leute aufzubauen.

MW: Die Nazis ziehen ja auch bewusst an solche Orte. Oder der gleiche Mechanismus: Ich beobachte Online-Radikalisierung bei Jugendlichen. Wir erleben ja heutzutage ganz, ganz viele Terrorakte von sogenannten »Einzeltätern«, die aber natürlich einfach nur Teil des stochastischen Terrorismus sind. Also des Terrorismus, der nicht mehr Terrorzellen hat, sondern Hashtags und Follower und Wahrscheinlichkeiten, wo Leute andere Menschen radikalisieren können, so weit, dass es an Sicherheit grenzt, dass irgendwo irgendwer austickt. Man weiß nur nicht, wo und wer.

Wie diese Leute vorgehen, ist absolut klassisch. Die suchen in Foren, wo Menschen anzutreffen sind, deren Selbstbild instabil ist. Das sind ganz oft weiße junge Männer, denen man leicht erzählen kann, dass ihnen Minoritäten jetzt irgendwas wegnehmen. Ihnen Frauen wegnehmen, die ihnen vermeintlich Sex schulden, aber nicht geben. Das sind so die Erzählungen, die dort kursieren. Man geht in die Communities dieser Leute, und was man erst mal macht, ist Sozialisation. Man baut dort Gemeinschaft auf, man baut Insiderwitze auf. Man sagt: »Hey, du bist hier willkommen, und zwar inklusive aller deiner Vorurteile.« Das ist das Gefühl, das sie suchen. Niemand begibt sich in so eine Struktur, um sich radikalisieren zu lassen. Sie suchen dort alle Gemeinschaft. Gleichzeitig vermitteln ihnen genau diese Foren immer wieder ihre eigene vermeintliche Unzulänglichkeit und halten sie in einer Spirale aus niedrigem Selbstwert, Isolation und Hass.

FM: Es sind doch besonders diejenigen anfällig, die schon von ganz klein auf Probleme hatten, die es schwer hatten. Kein Elternhaus, familiäre Unordnung, ein Verlassensein. Die schon in den ersten Kinderjahren keine Beziehung zur Familie, zur Mutter hatten, die in der DDR-Zeit abgeschoben wurden in Krippen. Es gibt ja viele Untersuchungen, dass sich dann im Gehirn was verändert.

Also, da geht es nicht einfach querbeet durch die ganze Gesellschaft, sondern es geht besonders um die, die schon sehr früh solche Defizite hatten.

MW: Das würde ich relativieren. Insgesamt geht es einfach um Menschen, die wenig Resilienz haben, aus welchen Gründen auch immer. Die wenig Ressourcen haben, um zu widerstehen, weil sie auch wenig haben, auf das sie zurückgreifen können: sei es ein Elternhaus, sei es die Schule. Oft haben sie traumatische Lebensereignisse: Umzug, Tod eines geliebten Menschen – irgendeine Form von Umbruch ist da oft vorher passiert.

Aber Fakt ist: Alle diese Menschen suchen Sozialisation, und ich denke, das ist ein ganz, ganz wesentlicher Punkt, bei dem wir ansetzen müssen.

FM: Sie möchten anerkannt und gesehen werden.

MW: Anerkannt, gesehen und geliebt.

***

FM: Wie erleben Sie es, wenn Sie in die Talkshows gehen, in denen dann auch Politiker sitzen, die in hohen Funktionen sind? Teilen Sie den Vorwurf, dass das so eine Art Ersatz-Parlament ist, eine Quatschbude?

MW: Das ist der geringste Vorwurf, den ich Talkshows zu machen habe. Es gibt Vorwürfe, die ich ihnen zu machen habe. Aber warum Ersatz-Parlament? Es sind einfach nur dieselben gewählten Leute, die sitzen da und erklären ihre Gründe. Das ist doch wichtig! Das sollen sie bitte bei Anne Will machen, das sollen sie bei Instagram machen, das sollen sie auf jeder erdenklichen Plattform machen. Sie sollen uns erklären, warum sie was machen und was die Hintergründe sind, und wir müssen entscheiden, ob uns das als Erklärung ausreicht oder nicht.

POLITIKER:INNEN SIND AUCH MENSCHEN

MARINA WEISBAND

Als ich 2011 auf den Posten der politischen Geschäftsführerin der Piratenpartei Deutschland gewählt wurde, behielt ich meinen privaten Twitter-Account bei. Das war keine große, bewusste Entscheidung (nichts an dieser Wahl war das). Ich sah einfach keinen Grund dafür, als Vorstand einer 1,8-Prozent-Partei einen offiziellen Account anzulegen. Also twitterte ich weiter über meine Katzen und meine politischen Überzeugungen und neue Bilder, die ich gezeichnet hatte. Ein Stil, den ich bis heute beibehalten habe. Was ich damals nicht wissen konnte, war, welche Richtungsentscheidung für meinen gesamten Politikstil daraus erwachsen würde.

Twitter half mir, politische Arbeit zu machen, die ich als unerfahrene 23-Jährige sonst einfach nicht hätte tun können. Ich hatte damals kein Büro, keine Bezahlung, keine Assistenz und kein Beraterteam. Wenn ich als Repräsentantin meiner Partei in eine Talkshow zum Thema Rentenpolitik eingeladen wurde, bat ich auf Twitter um Ressourcen, Argumente und Quellen. (Man muss verstehen, dass deutsches Twitter zu jener Zeit beinahe ausschließlich Piratenparteimedium war.) Ein Netzwerk von Menschen half mir zu kompensieren, was mir selbst an Wissen und Erfahrung fehlte. Die Situation brachte mich auf die Idee eines Experiments, über das ich bereits 2013 in meinem Buch »Wir nennen es Politik« geschrieben habe: der offene Politiker. Der Ansatz besteht darin, über Social Media nicht nur erreichbar zu sein, sondern gleichzeitig in der Funktion als Repräsentant und als Privatperson aufzutreten, also keine Unterscheidung zwischen dem politischen und dem persönlichen Leben zu machen. So wie ich ja auch in Wahrheit nur ein Mensch bin. Bereits 2013 konnte ich sowohl die Vorteile als auch den Frust schildern. Denn es ist leicht vorstellbar, was ich als öffentliche Person alles abbekommen habe, als die Piratenpartei zwischenzeitlich bei 13 Pozent in den Umfragen stand.

Es wäre trivial zu sagen, dass das Internet die Hölle ist. Besonders wenn man eine öffentliche Person ist. Besonders wenn man eine Frau ist. (Und noch mehr, wenn man marginalisierter ist, als ich es bin.) Es ist aber nicht nur das Internet. Es ist die Öffentlichkeit generell. Im Internet hat man eben das zweifelhafte Vergnügen, live zu lesen, was Menschen sonst nur an Stammtischen sagen. Aber ich bin auch im ICE angepöbelt worden, warum die Atomkraftwerke vom Netz genommen werden sollen. Oder warum die Rente so niedrig ist. Oder wegen anderer Dinge, für die ich nun wirklich nichts konnte. Plötzlich verstand ich, warum Politiker meist erste Klasse fahren. Das hat nichts mit Überheblichkeit zu tun. Es ist Selbstschutz.

Der »offene Politiker« bleibt definitiv ein Konzept mit viel Potenzial. Es ist ein Konzept, das geeignet ist, die Brücke zwischen »uns hier unten« und »denen da oben« zu überbrücken. Und zwar indem es aufzeigt, dass alle Menschen irgendwie Politiker sind. Je nachdem, wie viel sie sich einmischen. Ich betrachte mich jedenfalls noch immer als Politikerin, auch ohne Amt und Mandat. Das Konzept ist eines, das von zwei Seiten erarbeitet werden muss: Da sind die Menschen mit Mandat, die sich so weit öffnen müssen. Da sind aber auch die Menschen ohne Mandat, die mit dieser Offenheit respektvoll umgehen. Und daran hapert es im Moment massiv.

Teilweise resultiert das aus dem Frust von Menschen, die sich nicht gehört fühlen. Sie schreien, weil sie nicht gewohnt sind, dass ihre Stimme wahrgenommen wird. Es ist überraschend, wie ihr Ton sich auch online komplett ändert, wenn man ihnen antwortet und sie plötzlich realisieren, dass eine Person aus der Politik sie tatsächlich wahrnimmt. Diese Leute verbauen sich durch ihr Schreien selbst das Gehörtwerden. Denn natürlich interagiere ich seltener auf einer Plattform, auf der ich ständig beleidigt werde. Ein respektvoller Umgang dagegen entspannt mich auch so weit, dass ich fähig bin, Kritik anzunehmen und ernsthaft zu reflektieren.

Ein anderer Teil des Hasses – besonders im Netz, aber auch auf der

Straße – ist gar nicht wirklich Hass, sondern zielgerichtete politische Aktion, um bestimmte Menschen aus der Politik zu mobben. Nicht umsonst ziehen sich immer mehr Politiker, besonders im kommunalen, ehrenamtlichen Bereich, zurück. Das betrifft insbesondere Frauen, queere Menschen, People of Color. Ich selbst war damit seit 2014 konfrontiert, als ich über die Ukraine Bericht erstattete und täglich so viele Mord- und Vergewaltigungsdrohungen bekam, dass ich zwischen 2015 und 2022 gar nicht über die Ukraine sprach. Jeder Rückzug ist eine progressive Stimme weniger im Diskurs. Jeder Rückzug ein Erfolg für politische Gegner.

Diese Art der Auseinandersetzung darf niemals akzeptiert werden. Und die Antwort kann niemals sein: »Das gehört dazu«, »Das musst du aushalten« oder »Leg dir ein dickeres Fell zu«. Schon gar nicht, wenn Politikerinnen umziehen müssen, weil sie zu Hause nicht mehr sicher sind. Wenn private Aufnahmen von ihnen veröffentlicht werden und ihr Leben auf jede erdenkliche Weise ruiniert wird, bloß, weil sie sich für etwas einsetzen, das jemand anderem nicht gefällt. Ich will nicht in einer Demokratie leben, in der Repräsentanten nach der Dicke ihres Fells selektiert werden. Ich will ja gerade Menschen in der Politik, die offen sind, die zuhören, die Kritik annehmen. Ich will, dass auch vulnerable Menschen repräsentieren können.

Die Lösung liegt nicht in einem dicken Fell. Die Lösung liegt in einem Kulturwandel und in Solidarität. Wir alle sollten parteiübergreifend öffentlich zueinanderstehen, wenn jemand angegriffen wird. Respektvoller Dissens muss durch Antworten belohnt werden, gegenüber Beleidigungen sollten wir feste Grenzen ziehen. So schafft man Normen. Und die strafrechtliche Verfolgung von Hasskriminalität muss viel ernsthafter betrieben werden. Demokratie zu verteidigen, bedeutet zentral auch, Demokraten zu verteidigen.

Es gibt kein »Wir hier unten« und »Die da oben«. Es gibt Menschen, die Verantwortung sehen und annehmen. Und solche, die sich um andere Aspekte der Gesellschaft kümmern. Und natürlich gibt es auch Menschen, die einfach geltungssüchtig sind oder sich bereichern wollen. Deshalb brauchen wir Transparenz, Regeln, lebendige politische Kultur und Teilhabe – niemals dagegen verbale oder sonstige Gewalt.

FM: Was wären dann die Kritikpunkte?
MW: Mein Kritikpunkt ist, dass diese Sendungen sehr klamaukig gestaltet sind, dass man kaum zu den tieferen Erklärungen kommt, weil meistens auch so moderiert wird, dass die Parteien sich möglichst gegenseitig fertigmachen, dass persönliche Skandale eine große Rolle spielen, dass sich dort kaum jemand erklären kann, wenn man immer nur diese kurzen Abriss-Fetzen bekommt. Aber prinzipiell finde ich das Format »Gewählte Politiker treten öffentlich auf und müssen ihre Handlungen erklären« absolut sinnvoll.
FM: Das Format führt dann manchmal zu einer bestimmten Zusammenstellung und dazu, dass Leute zu Experten erklärt werden, die keine Experten sind.
MW: Das ist richtig. Da gibt es viel False Balancing, das ist natürlich immer schwer. Bin ich eingeladen, weiß ich nicht immer: Wer bin ich denn? Was für eine Expertin bin ich? Wenn es um die Ukraine geht, höre ich erst mal den Experten zu. Ich sammle Informationen auf vier Sprachen und ordne sie ein. Das kann ich gut. Ich kann das, was ich da höre, dem deutschen Publikum wiedergeben, weil ich es sowohl sprachlich als auch kulturell übersetzen kann.
FM: Diese Veranstaltungen sind ja auf einem Weg. Ich kann mich noch an die entsprechenden Veranstaltungen vor 20, 30 Jahren erinnern. Im NDR gab es zum Beispiel eine, da haben sie sich nur noch fertiggemacht. Wer kann den anderen zu Tode reden? Ich finde, die Kultur hat sich schon verbessert.
MW: Aha, das finde ich eine sehr wichtige Feststellung, weil wir normalerweise darüber reden, dass die Medienkultur immer nur schlimmer wird. Genau wie die Jugend, die wird auch immer schlimmer.
FM: Ich finde nicht alles schön, aber ich finde, die Kultur hat sich gegenüber den Anfängen verbessert. Früher konnte ich so etwas überhaupt nicht anschauen, jetzt verfolge ich die Talkshows zumindest thematisch und lass mir mal sagen, was die Leute so denken.

In den Anfängen, da nannte es sich noch gar nicht Talkshow, da war das trockener. Es gab Herrn Höfer mit dem »Internationalen Frühschoppen« und dann den Presseclub. Da saßen dann wirklich die alten weißen Herren.

MW: Jetzt ist es diverser geworden. Wir haben auch immer wieder Pflegekräfte oder Armutsbetroffene in den Talkshows. Viel zu wenige, aber wir haben inzwischen häufiger dort Stimmen sitzen, die sonst nicht gehört werden. Nicht-weiße Menschen, LGBT+-Menschen usw. Was ich auch sehr wichtig finde: Ich beobachte ja den Talkshow-Diskurs rund um die Ukraine, und ich finde den richtig informativ.

FM: Früher, in den 1960er-, 70er-Jahren, hatte manch einer eine Nazi-Vergangenheit, der Werner Höfer zum Beispiel. Die Entwicklung bis heute, das ist ein Prozess, der ganz langsam angelaufen ist.

MW: Ich muss sagen, die Medien sind in letzter Zeit sehr selbstreflektiert und sehr bemüht und wirklich aufgeschlossen auch für Kritik. Ich würde vorsichtig sagen, da ist zwar super viel im Argen, da läuft viel falsch, läuft manches katastrophal, aber ich habe das Gefühl, man wird seiner Verantwortung gerecht mit der Zeit.

Es gibt Wechselwirkungen zwischen sozialen Medien und klassischen Medien, die in Deutschland, glaube ich, noch nicht genug reflektiert wurden. Die Art und Weise, wie ausländische Agenten den Diskurs vor sich hertreiben, indem sie durch Sockenpuppen-Accounts ein Narrativ in die Welt ballern. Klassische Journalisten, die dann auf Twitter sind, denken: Oh, das ist wohl, über was sich die Welt unterhält, und dann muss man so jemanden auch zu Anne Will einladen, das ist ja Teil des Diskurses. Das ist sehr gefährlich, aber ich glaube, auch das ist ein Lernprozess. Ich würde hier nicht schwarzsehen. Ich glaube, wir Menschen sind sehr gut darin, uns anzupassen.

Wir sind in einem Prozess, es ist chaotisch, wir lernen. Manchmal fliegen wir auf die Schnauze, manchmal machen wir echte Durchbrüche. Ich finde, das Allerwichtigste ist, dass wir einander als Menschen wahrnehmen. Was ist unser Menschlichstes? Nicht: »Bist du SPD oder CDU?«, sondern: »Wer bist du, was möchtest du, worauf hoffst du, was brauchst du?« Und ich glaube, es wird sehr schwer, Korruption zu leben und so rein strategische geopolitische Interessen, wenn man als Mensch angesprochen wird. Ich glaube, es ist sehr schwer zu hassen, wenn man als Mensch angesprochen wird.

FM: Das ist hoffentlich so. Auf der anderen Seite war das natürlich ein völlig verständlicher Punkt, als Sie in Bezug auf die Ukraine erzählten, wie subversiv am Anfang der Umgang mit den russischen Invasoren war, und wie, wenn man solche brutale Gewalt erfährt, dann überhaupt kein Raum mehr dafür ist. Es gibt das Böse eben, und das Böse ist auch in der Welt.
MW: Das ist es. Und wir müssen lernen, uns dagegen zu verteidigen. Wir müssen einander helfen. Viele Ukrainer helfen einander, sich gegen dieses Böse zu verteidigen. Auch gegen das Böse in ihnen, auch gegen Rache-Fantasien, die völlig nachvollziehbar sind. Es gibt immer noch solidarische Gemeinschaften, die einander mit Essen versorgen, die irgendwie versuchen, über die Runden zu kommen. Und es gibt immer noch Kunst und Poesie, und das ist das, was helfen kann, menschlich zu bleiben. Glaube, Kunst, Gemeinschaft, das sind diese Dinge, von denen wir zehren und die stützen, auch in dunklen Zeiten. Wir wissen, dass Menschen in KZs je eher überlebt haben, je mehr Kulturelles sie hatten.
FM: Mit Aufsagen von Gedichten haben die sich da am Leben erhalten oder mit Komponieren auf Klopapierrollen.

***

wbg: Wir wünschen uns gesellschaftliche Teilhabe für jeden Einzelnen. Was macht das mit einer Gesellschaft, wenn die Schere zwischen Arm und Reich sehr stark auseinanderklafft?
MW: Ich war bei dem ehemaligen ukrainischen Präsidenten Janukowytsch zu Hause, als er schon weg war. Das Haus ist ja besetzt und der Öffentlichkeit zugänglich. Also, wenn ich Haus sage, meine ich ein Gelände, für das man definitiv ein Auto braucht, um es zu befahren. Eine der Villen auf diesem Gelände gehörte inoffiziell Putin, die heißt das Putin-Haus, eigentlich das Gästehaus. Dann hatte er ein riesiges Holz-Schiff auf seinem See, in dem ist ein Restaurant, das nur dafür da war, dass wenn er einen Fisch fängt, dieser Fisch ihm dort frisch zubereitet werden konnte.

Dann hatte er ein Haus, das nur er und seine Frau betreten durften, wo

DIE GRENZEN DES DIALOGS – MIT WEM UND ÜBER WAS MAN REDEN SOLLTE UND MIT WEM NICHT

FRIDO MANN

Ein Vortrag zum Thema Demokratie, den ich 2019 in Portland, Oregon, hielt, führte im Anschluss zu einer höchst interessanten Aussprache über die Rolle des Dialogs in politischen Konfliktsituationen, insbesondere über seine sprachlichen und argumentativen Grenzen.

Einer meiner Zuhörer betonte, dass jeder Versuch der Beilegung von politischen oder sonstigen Konflikten von vornherein zum Scheitern verurteilt sei, wenn das Gegenüber im Gespräch nationalistisch-rassistische Tendenzen oder andere mit meinem Menschbild unvereinbare Positionen zu erkennen gebe. Noch gefährlicher sei es, so ein Zweiter, wenn ein Verfechter eines harten antidemokratischen Kurses im politischen Disput strategisch das Vokabular und die Denkkategorien seines liberalen Gegenübers einsetzte, um seinen Gegner manipulativ in seine Richtung zu lenken. Ein Dritter wusste ein entsprechendes Beispiel aus dem Weißen Haus in Washington unter Donald Trump anzuführen: So soll Außenminister Mike Pompeo in eine von ihm ins Leben gerufene sogenannte Menschenrechtskommission als Aushängeschild einen prominenten Vertreter einer besonders liberalen politischen Richtung aufgenommen haben, um den Anschein von Liberalität und Kompromissbereitschaft zu erwecken und so seine Gegner leichter zu Zugeständnissen zu bewegen.

Als Fazit einigten wir uns darauf, dass man sich vor der Aufnahme eines Dialogs ein genaues Bild von seinem Dialogpartner machen sollte, diesen auf Gesinnung und Gesprächsstil hin »abklopfen« und dann das Feld abstecken, in dem sich das Gespräch bewegen solle. So vermeidet man, unversehens zum Spielball gezielter Täuschung und Vereinnahmung zu werden und dem Kontrahenten geradewegs ins Messer zu laufen.

Trotzdem meine ich, dass ein ernst zu nehmender Dialog nie zu einem Strategiespiel verkümmern darf. Jeder Dialog sollte auf dem Grundvertrauen aufbauen, dass trotz nicht auszuräumender Unvereinbarkeiten immer irgendwelche, seien es noch so entfernte, menschliche Gemeinsamkeiten bestehen, an denen sich anknüpfen lässt. Deshalb bleibt eine im Gespräch mitschwingende achtsam-empathische Grundhaltung das A und O eines Dialogs, auch wenn diese Haltung gewissen Menschen gegenüber nur äußerst schwer zu realisieren sein dürfte. Manchmal jedoch bewirkt diese vom Gegenüber genau gespürte und als angenehm empfundene Haltung Wunder. Etwa dann, wenn ich mich gerade an besonders schwierigen Stellen eines Gesprächs immer wieder unermüdlich frage, was denn der andere mit dem eben von ihm Geäußerten *eigentlich genau sagen wollte*. Es ist durchaus denkbar, dass ich dann in seinen Äußerungen die eine oder andere bisher verdeckte Übereinstimmung herausspüre und ihm meine Vermutung vorsichtig nahebringen kann. Dabei können unterstützende kleine Gesten des Respekts und des guten Willens zusätzlich Vertrauen schaffen.

Es ist zweifellos wichtig, die Grenzen des Dialogs zu erkennen, aber ebenso, das Feld innerhalb dieser Grenzen bis ins Letzte auszuloten. Dafür empfiehlt sich zwischen den einzelnen Gesprächen auch das Einlegen *stiller Phasen des eigenen Innehaltens und der meditativen Versenkung* im Sinn der besonders in den fernöstlich-kontemplativen Traditionen gründenden Fähigkeit zu vertiefter Selbst- und Fremdreflektion. Das heißt allerdings gerade nicht, dass uns die Kontemplation immer auch zu einem Dialog mit dafür undenkbar scheinenden Menschen befähigen muss. Wir können über kontemplative Prozesse im Gegenteil auch eine Bestätigung und Rechtfertigung für unsere innere Abwehr dagegen erhalten – oder aber wir entdecken ganz neue Wege und Zugänge zu uns bisher unmöglich erscheinenden Dialogen.

ein 2-Tonnen-Swarowski-Lüster hängt, den hat er sich noch mal teuer vergolden lassen, weil Silber ihm nicht edel genug war. Zwei Straußenfarmen hatte er – eine reicht nicht!

FM: Das ist auch einer der Vorzüge von Demokratie, dass sich da normalerweise die Bereicherung der Politiker in Grenzen hält.

MW: Demokratie lebt sogar von einer relativen Einkommensgerechtigkeit, die sind wir gerade dabei zu verlieren. Und in dem Maße, in dem man die verliert, verliert man auch die Demokratie.

Ich meine zwei Ebenen: Das eine ist Korruption. Aber ich meine durchaus auch die völlig legale Bereicherung durch Kapitaleinnahmen. Auch wenn da die Schere zu weit auseinanderdriftet, schadet das der Demokratie. Demokrat kann eigentlich nur sein, wer sich als vollwertiges Mitglied der Gesellschaft fühlt. Und Studien zeigen, dass bei einer großen Einkommensschere auch reiche Menschen, die dann von armen Menschen umgeben sind, unglücklicher werden. Das ist ganz wichtig. Man könnte meinen, es gibt Leute, die dadurch gewinnen, aber nein, es gibt niemanden, der dadurch gewinnt.

FM: Ich kenn nur diese Untersuchungen, dass ein bestimmtes Vermögen glücklicher macht, und danach wächst das Glück nicht mehr, sondern eher auch die Angst.

MW: Das ist ein anderer Effekt.

FM: Als ich etwa zehn Jahre alt war, da hat mein Vater mir mal diese Geschichte erzählt vom Unglück und Glück.

Ein Mensch wurde gefragt: »Was macht dich glücklich?« – »Ich möchte in einem schönen Haus wohnen und zu Essen haben.« – »Na gut, kannst du haben.«

Und dann kam er in dieses Haus, war reich und hatte gutes Essen, und jeden Morgen las er die Neue Zürcher Zeitung. Aber auf einmal merkte er, wenn er durchs Fenster schaut, ist es draußen dunkel, alles schwarz. Und irgendwann hat er dann gemerkt, er ist todunglücklich. Und er sagte: »Ich möchte es jetzt doch anders haben.«

Dann wurde er an eine Stelle geführt, wo er niederknien musste und durch ein ganz kleines Guckloch immer den lieben Gott anschauen konnte, und da war er glücklich.

Das ist eine interessante Mischung aus Demokratie und Religion.

wbg: Das ist interessant, weil bei diesen internationalen Glücksstatistiken immer auch einige Länder sehr gut abschneiden, die überhaupt nicht besonders wohlhabend sind. Was ist neben wirtschaftlicher Sicherheit noch wichtig für ein gelingendes Leben?

MW: Es kommt wohl eher auf urmenschliche Bedürfnisse wie Gemeinschaft oder Sicherheit an. Das ist keine Rocket Science. Wir Menschen sind zwar sehr verschieden. Wir haben unterschiedliche Bedürfnisse und wir können ihnen begegnen. Aber wir haben ein paar Grundbedürfnisse, die uns allen zugrunde liegen. Und auf dieser Ebene können wir auch Empathie füreinander entwickeln und gemeinsam etwas bauen.

FM: Und uns auch selbst besser akzeptieren.

MW: Ich finde diese beiden komplementären Dinge, ehrlich gesagt, sehr schön. Ich finde es schön, dass es Dinge gibt, die mich mit allen Menschen auf der Welt verbinden. Etwa, dass wir alle gemocht werden wollen, so was ganz Basales. Dass wir alle in Sicherheit leben möchten.

Und andererseits gibt es Dinge, die nur ich habe. Zum Beispiel brauche ich immer etwas, wo ich mich hinsetzen oder hinlegen kann, das ist mein Bedürfnis. Jemand anders ist laktoseintolerant. Und jemand anderes macht vielleicht manchmal dumme Witze und meint sie nicht so. Und all das ist o.k.

Wir können einander tolerieren, wenn wir uns über unsere Bedürfnisse austauschen und wenn wir einsehen, dass es Bedürfnisse gibt, die uns allen gemeinsam sind. Das ist die tiefe Ebene, auf der wir alle zueinanderfinden oder auch Verschiedenheiten besser akzeptieren.

Unser Bedürfnis nach Sicherheit prägt sich vielleicht verschieden aus. Bei mir steht ein Polizeiauto vor der Synagoge. Ich bin kein Fan von übermäßiger Polizeipräsenz, überhaupt nicht, aber mein Bedürfnis nach Sicherheit wird dadurch erfüllt. Und bei jemand anderem drückt sich das Bedürfnis nach Sicherheit gerade dadurch aus, dass man keine Polizei in der Nähe haben will. Aber wir können einander begegnen. Genau da, wo wir sagen: »Hey, dieses erfüllt für mich mein Sicherheitsbedürfnis, und jenes erfüllt für dich dein Sicherheitsbedürfnis«, können wir Kompromisse eingehen, Regeln gestalten und dabei auf Rechte aller achten. Genau das ist der demokratische Prozess. Wichtig ist aber: Wir sollten dann auch beide die gleiche Macht haben. Wenn ich meine Sicherheitsinteressen durchsetzen kann, weil ich zufällig stinkreich bin – welche Demokratie haben wir dann?

EINE STARKE DEMOKRATIE WIRD GETRAGEN VON STARKEN MENSCHEN

Digitale Communities | Emigration/Immigration | Erfahrungsdialog | Identität(en) | Kreativität | Kunst | Marginalisierung | Politisierung | Psychologie | Religion | Rituale | Spiritualität | Weltkloster

WIR SIND ALLE MULTIPLE PERSÖNLICHKEITEN

FRIDO MANN

Ein wichtiges Kriterium für die Stärke der Menschen, die eine Demokratie tragen können, ist einerseits deren Vielfalt untereinander, andererseits die Vielschichtigkeit eines jeden Einzelnen. Im Verlauf unseres Gespräches haben wir in Abgrenzung von einem Schwarz-Weiß-Denken den Begriff einer »schwarz-weiß-gesprenkelten« Identität geprägt, die auch übergangsweise Grautöne in sich tragen kann.

Malt man auf grauem Papier eine schwarze und nahe dazu eine parallele weiße Linie, so erscheint der ungemalte graue Zwischenraum wie eine zusätzliche Linie. Je schmaler diese Mittellinie und je prägnanter die schwarze und die weiße Linie, desto schärfer der Kontrast zwischen Schwarz und Weiß. Auf den menschlichen Charakter übertragen passt der Ausdruck der Zweigesichtigkeit oder Janusköpfigkeit.

Faszinierend auf die Spitze getrieben ist der Widerspruch zwischen Gut und Böse in derselben Persönlichkeit bis zur Zerreißprobe in der berühmten Erzählung von Robert Louis Stevenson »Der seltsame Fall des Dr. Jekyll und Mr. Hyde«. Im Oktober 2012, während der anstehenden US-amerikanischen Präsidentschaftswahlen am Ende der ersten Amtszeit von Barack Obama, habe ich das Libretto des im Münchner Amerikahaus uraufgeführten Musiktheaters »President Jekyll« als eine politische Version von Stevensons Erzählung verfasst. Dort verwandelt sich der eben neu gewählte Präsident, dem die politischen Reformen im eigenen Land auf demokratischem Weg zu langsam und zu ineffektiv vorangehen, mithilfe der Zauberkünste eines Neurowissenschaftlers in den skrupellos gewissenlosen *Homo totalis*, dessen willkürliche diktatorische Übergriffe keine Grenzen kennen und der sein Land in Windeseile mit Pressezensur, Einkerkerung, Mord und grausamen Kriegen unter seine Kontrolle bringt. Als der Präsident merkt, dass er sein Land ins Verderben stürzt, versucht er vergeblich, seine Verwandlung zum *Homo totalis* wieder rückgängig zu machen. Als überall die Lichter ausgehen, ergreift er die Flucht in die Weite des Weltalls. Sein letzter Gedanke bleibt: The beginning was so promising.

Zwei Wochen nach der Münchner Uraufführung von »President Jekyll« wurde in den USA Präsident Obama wiedergewählt. Am Ende seiner zweiten, tragisch glücklosen Amtszeit folgte ihm jedoch derjenige ins Weiße Haus, dessen Name besser nie mehr genannt werden sollte. Und kaum mehr als ein Jahr nach dessen überfälliger Abwahl 2020 brach Vladimir Putin, der Präsident der Russischen Föderation, den Vernichtungskrieg gegen die Ukraine und damit gegen die Demokratie des gesamten freien Westens vom Zaun. Seitdem will die Frage nicht mehr verstummen, ob sich die menschliche Spezies nicht vielleicht doch als Fehlkonstruktion erwiesen hat.

So sehr janusköpfige Persönlichkeiten den empfindlichen Fluss eines demokratischen Systems stören, durcheinanderbringen oder gar zerstören können, kann die anfangs erwähnte schwarz-weiß-gesprenkelte Persönlichkeit mit ihrer Vielseitigkeit und ihren unterschiedlichen Facetten ein freiheitlich-demokratisches System beleben und bereichern. Denn mit ihrer oft überdurchschnittlich eigensinnigen Kreativität und ihrer Vorliebe für das Uneindeutige, Flexible, Wandelbare und Widersprüchliche trägt sie zur Buntheit des freiheitlich-pluralen öffentlichen Lebens bei. Ihr charaktervolles Profil, das für diktatorisch gleichgeschaltete Gesellschaftssysteme ein Ärgernis wäre, das schnell aus dem Verkehr gezogen gehört, kann für unser demokratisches Leben von großem Wert sein – wichtig ist, dass sie die Balance zwischen konstruktivem Außenseitertum und Verantwortung für die Gemeinschaft zu wahren weiß.

FM: Wie war das für Sie, als Sie nach Deutschland kamen? Wurden Sie schief angesehen? Gab es Probleme, oder wurden Sie gut aufgenommen?

MW: Meine Immigration? Also erstens: Ich war Russin. Wir waren alle Russen, meine tadschikische Nachbarin war Russin, ich war Russin. In der Wahrnehmung war da kein Unterschied, auch nicht zwischen den Russlanddeutschen und den Juden, also den zwei großen russischsprachigen Immigrationsgruppen in Deutschland. Für die Deutschen waren wir alle Russen.

Und ich wurde sehr freundlich empfangen, das muss ich sagen. Als Kontingentflüchtling gehörte ich zu den privilegierten Flüchtlingen. Ich war in einer Notunterkunft, aber wir durften sehr bald eine Wohnung beziehen, weil mein Vater hier arbeiten durfte. Wir haben Sozialhilfe bekommen, was damals noch etwas anders war als heute Hartz 4. Davon konnte man halbwegs würdig leben. Es war schwer, aber wir konnten würdig leben. Ich hatte Klamotten geschenkt bekommen, second hand, ich hatte Leute in meiner Straße, die mir Deutsch beigebracht haben. Das alles hat mich erfüllt mit einem Gefühl der Dankbarkeit.

Das hat sich manifestiert im Moment meiner ersten Wahl, als ich die deutsche Staatsbürgerschaft hatte und mit 19 das erste Mal wählen durfte. Ich war vorher absolut apolitisch gewesen, ich habe, bis ich 19 war, keine Nachrichten gesehen, keine Zeitung gelesen. Ich wusste gerade mal, wer Bundeskanzler war, mehr nicht. Ich habe immer gedacht, die Politik ist etwas, das die Deutschen irgendwie unter sich ausmachen. Ich sah diese weißen Männer in Anzug und Krawatte, das war so gar nicht meine Welt, auch ihre Sprache war ganz anders als meine. Und mir war auch irgendwie klar, dass jemand wie ich in Deutschland in der Politik sowieso nichts werden kann – ohne Kontakte und als Immigrantin. Aber das habe ich unterschätzt.

Einer der größten Marginalisierungsfaktoren für alle Menschen ist, wenn sie nicht vernetzt sind. Man spricht über Hautfarbe, man spricht manchmal noch über Armut, aber nicht über Vernetzung. Doch fast alle Migranten teilen, dass sie unvernetzt in eine neue Gesellschaft kommen. Und wenn man nicht vernetzt ist, denkt man: »Ich habe sowieso keine Chancen auf bestimmte Sachen.«

wbg: Herr Mann, wie war das denn bei Ihnen? Zunächst als Kind in Kalifornien, dann später die Schweizer Erfahrungen und schließlich Ihr ganz bewusster Entschluss, nach Deutschland zu kommen. Wollen Sie da vielleicht ein bisschen erzählen?
FM: Es hat sehr lange gedauert, bis ich deutschen Boden betrat. Betreten habe ich Deutschland von der Schweiz aus. Die Schweiz war ja schon vor den USA eine Station der Emigration gewesen für meine Vorfahren und war es dann auch nachher. Das war zunächst sehr komisch, denn Thomas Mann ist vor dem Krieg oft sehr schlecht behandelt worden in der Schweiz, so wie fast alle Immigranten. Sie behandelten ihn viel besser als andere, aber immer noch schlecht. Und nach dem Krieg hatte die Schweiz ihm gegenüber ein schlechtes Gewissen. Als er dann kam, haben sie ihn hofiert. Und ich habe mich dann von der Schweiz aus langsam nach Deutschland hin orientiert.
wbg: Wollen wir zunächst noch einmal zurückblicken nach Kalifornien? Wie sehr waren Sie Amerikaner? Und was für eine Rolle spielten Deutschland und die Schweiz?
FM: Drei Viertel der Zeit war ich als Kind – also, bis ich dann nach Europa kam – bei meinen Eltern in der Nähe von San Francisco und ein Viertel der Zeit bei meinen Großeltern in Südkalifornien. Da lebte ich quasi in einem Schloss und sehr behütet. Da hatte ich auch überhaupt keine sozialen Beziehungen, außer in den letzten drei Monaten vor der Übersiedlung nach Europa. Da bin ich sogar zur Schule gegangen in Los Angeles, mit dem gelben Bus abgeholt und gebracht worden. Aber bei meinen Eltern habe ich sehr viele Kontakte gehabt mit Kindern, also in der Nachbarschaft und Mitschüler. Das war eine Zeit, in der ich mich total identifiziert habe und mich total zu Hause fühlte. Und es gab auch kaum Streit.

Das war dann für mich der große Bruch, als ich nach Europa kam, da mit sechs Jahren zum ersten und mit acht Jahren zum zweiten Mal zur Schule gegangen bin. Da erlebte ich ein völlig anderes Verhalten, also wie man Gangs bildet und sich gegenseitig mobbt, die eine Gruppe gegen die andere Gruppe. Das war für mich ein Schock.
MW: In der Schweiz?

FM: Ja, sogar in der Schweiz.

MW: Witzig, das hätte ich genau andersherum gedacht.

FM: In den USA, jedenfalls da, wo ich war, in Kalifornien, war das eine ganz wunderbare Einheit. Jeden Morgen musste man ja, wenn die erste Schulstunde begann, aufstehen und vor der riesigen amerikanischen Fahne die Hymne singen, die Mädchen ihre rechten Hände am Herzen und die Jungs salutierend. So mit fünf, sechs, sieben Jahren war das. In Amerika war ich zwar ein bisschen zwiegespalten, aber für mich waren die Amerikaner Helden, schon allein wegen des Krieges. Wir wollten ja helfen, dass Deutschland besiegt würde. Das hat zwar lange gedauert, erst nach dem Angriff von Pearl Harbor 1941 kam es zum Kriegseintritt, und dann dauerte es noch mal drei Jahre bis zur Invasion. Aber das war halt einfach ein wunderbarer Sieg. Und im April 1945 starb dann noch Roosevelt. Meine Mutter erzählte, in der San Francisco Symphony, wo mein Vater Bratschist war, hätten sie den Trauermarsch aus Beethovens »Eroica« gespielt. Und alle hätten wie die Schlosshunde geschluchzt. Der ganze Saal war voll. So haben die Amerikaner Roosevelt betrauert, das war ziemlich einmalig.

Na ja, und dann kam die Übersiedlung in die Schweiz, und dort kam mir alles so komisch und eng vor, auch in der Schule die ganzen Gruppenverhältnisse. Ich empfand das als ziemlich unangenehm, jedenfalls ab dem Zeitpunkt, als ich merkte: Es geht nicht mehr zurück, es ist nicht mehr nur ein Gastaufenthalt für eine gewisse Zeit wie 1947 für ein halbes Jahr. Jetzt gehöre ich dazu zur Schweiz. Ich hatte solches Heimweh nach Amerika, dass ich alles schlechtgemacht habe, was ich von dort nicht kannte. Und vor lauter Heimweh hing ich ganze Nachmittage oder Abende am Radio und lauschte dem amerikanischen Soldatensender AFN (American Forces Network) im besetzten Deutschland.

Und dann kam die ganze Umzieherei, weil mein Vater als Musiker Stellen suchte, wo er unterrichten und konzertieren konnte. Da ging es nach Österreich, das war wieder eine völlig andere Welt: fünf Jahre nach Kriegsende auf dem Land. In Strobl am Wolfgangsee bin ich zur Schule gegangen. Ich hatte viele soziale Kontakte zu Mitschülern und Nachbarn, und das war das heulende Elend der Nachkriegszeit. Die Leute waren bettelarm, die Kinder sind barfuß gelaufen, mindestens im Sommer. Also arm bis zum Geht-nicht-Mehr.

Und man spürte auch: Wir waren die »Amerikaner«. Wir waren besser gekleidet, wir repräsentierten sozusagen die Besatzer, denn Salzburg war ja amerikanische Zone. Und dann fingen die Leute an, uns auszuspielen gegen andere. Zum Beispiel: »Ihr müsst das Brot bei uns kaufen, denn der Bäcker X war Nazi.« Das war, wie gesagt, fünf Jahre nach Kriegsende. Diese Gegend ist inzwischen völlig verändert, aber damals war das dort so.

Na ja, dann war ich wieder in der Schweiz, im Internat, denn meine Eltern sind wieder weggegangen. Ich sah auch meine Großeltern wieder regelmäßig.

Da muss ich noch eine kleine Episode erzählen: Ich war ja schon als kleines Kind ungeheuer politisiert, durch meine Großeltern und ganz besonders durch meine Tante Erika. Habe alles immer mitbekommen, alles mitgehört – ganze Nachmittage bei meinen Großeltern in Los Angeles. Und Erika hat mir damals Schauergeschichten aus ihrem Leben erzählt: Kriegsende, Nachkriegszeit, aber auch im Krieg – sie war ja schon 1940 in London beim Blitzkrieg dabei gewesen, immer mit einem Köfferchen bei sich, um damit schleunigst in den Keller zu flüchten, wenn die Sirenen heulten – das hat sie alles miterlebt. Und irgendwann ist sie sogar mal mitgeflogen, mit einem Royal-Air-Force-Piloten durfte sie als Kriegsberichterstatterin mitfliegen. Da kamen sie ganz nah an die Stukas ran, sie konnte die deutschen Piloten sehen, die so komisch dünnlippig gewesen seien, sagte sie.

Sie hat Nachmittage lang erzählt von ihren Kriegserlebnissen, auch aus Polen, aus Warschau, wo sie im Jeep durch die Ruinen fuhren – sie durften nur ganz langsam fahren, damit die Ruinen nicht einstürzten. Erika hat mir auch erzählt von den Nürnberger Prozessen, sie war auch in Bad Mondorf gewesen, wo die ganzen Kriegsverbrecher in einem Luxushotel gefangen saßen.

wbg: Wie alt waren Sie, als Ihre Tante Erika Ihnen das erzählt hat?

FM: Sieben, acht Jahre war ich. Ich habe das gierig aufgesogen, wollte alles genau wissen. Ganze Nachmittage lang erzählte sie mir, wie sie da in die Zellen ging und sich die ganzen obersten Verbrecher nur anschaute und dann wieder rausging, in Uniform. Als die gehört hatten, wer sie war, soll Göring gesagt haben: »Wenn ich das gewusst hätte, ich hätte sie überzeugt, dass ich unschuldig bin.«

Das hat mich von Anfang an sehr geprägt, diese Politisierung.

Mit zwölf Jahren, als ich im Internat war, da war ich in den Ferien bei meinen Großeltern (mein Bruder und ich wurden aufgeteilt zwischen unseren Großeltern mütterlicherseits und väterlicherseits, die wohnten sehr nah beieinander). Und da habe ich in den Osterferien 53 bei meinen Großeltern väterlicherseits an einem Tisch gesessen und einen Nachmittag lang konzentriert etwas aufgeschrieben. Da ich selbst nicht mehr genau wusste, was ich da geschrieben habe, habe ich es im Tagebuch meines Großvaters nachgelesen: Thomas Mann, Gründonnerstag, 2. April 53: »Fridos politische Passioniertheit produziert Aufsatz über die Weltregierung nach einem dritten Großkriege, der Indien und China als beherrschende Mächte zurücklässt. Hat den ganzen Nachmittag dran geschrieben.«

MW: Klingt realistisch.

FM: Ja, fast jedenfalls. Und als ich in Österreich war, so mit zehn, elf Jahren, da war der Koreakrieg, da bin ich jeden Nachmittag zum Kiosk und habe mir die »Wiener Presse« gekauft. Ich habe die ganz genau durchgelesen und das Kriegsgeschehen genau verfolgt.

Und da führte ich auch ein sehr interessantes Gespräch mit meinem Großvater, als er zu Besuch kam im Sommer. In dieser Zeit haben meine Großeltern die Remigration geübt und sind jeden Sommer nach Europa gekommen, bis sie dann 52 endgültig remigrierten. Damals also hatte ich ein Gespräch mit meinem Großvater, den ich gefragt habe: »Glaubst du eigentlich, dass es einen Krieg gibt zwischen Russland und Amerika?« Da hat er gesagt: »Nein, das glaube ich nicht. Die Russen und die Amerikaner werden sich sehr, sehr lange gegenseitig kontrollierend gegenüberstehen und sich ganz genau gegenseitig beäugen. Es wird sehr, sehr lange dauern, bis sich daran etwas ändert.« Das war um 1951/52, als er das gesagt hat, und bis 1989 hat es dann letztendlich gedauert, bis eine Macht von der anderen wirklich weggefegt wurde – und das ohne Krieg.

Also, dieses Interesse für Politik, das hat mich die ganze Zeit geprägt. Es gab wenige Jahrzehnte in meinem Leben, wo ich mich von der Politik mal ein bisschen absentiert habe, weil es zu anstrengend war oder weil zu hässliche Sachen passierten.

1968: der Prager Frühling: Wir haben unserem Sohn Stefan den zweiten Namen Alexander gegeben, Stefan Alexander wegen Alexander Dubček. Denn Dubček, das war für mich ein Aufbruch, das neue Osteuropa, herrlich. Zusammen mit seinen Ministern wollte er den »Kommunismus mit menschlichem Antlitz«, wie es so schön hieß, aufbauen, aber das war dann nicht möglich. Da habe ich mich sehr engagiert.

1967: Sechstagekrieg: Ich war Feuer und Flamme. Vorher hatte ich mich mit dem Judentum wenig identifiziert, obwohl ich zwei jüdischen Großmütter habe. Aber in diesem Krieg wurde es zum ersten Mal für mich sichtbar: ein Krieg, der Israel bedrohte, wo man nicht wusste, wie geht das aus, wenn alle arabischen Staaten … Und ich habe wirklich gezittert, habe ein Stück weit eine ganz, ganz starke Identität mit dem Judentum empfunden und habe die Israelis immer nur verteidigt. Als ein Politiker sagte: »Das finde ich unklug, was die da machen. Die stellen die Weichen sehr schlecht. Das wird für die Zukunft sehr schwierig sein«, wollte ich das zuerst gar nicht wahrhaben. Und von da an, also seit 1967, identifizierte ich mich immer ein Stück weit mit Israel – eine Identifikation, die mir menschlich gesehen oft fehlte in der Familie. Dieses Sich-Hineinstürzen in die politischen Entwicklungen, das war für mich wesentlich, das habe ich immer wieder getan, mein ganzes Leben lang bis jetzt.

wbg: In dieser Zeit, 1967/68, lebten Sie schon in Deutschland, genauer gesagt in München. Und 1969 gab es den berühmten Satz von Willy Brandt »Wir wollen mehr Demokratie wagen«. Da bezieht sich Brandt ganz bewusst auf die Ereignisse von 1968, als er sagt, wenn man die Ordnung will, dann geht das nur, wenn man Mitverantwortung zulässt.

In Deutschland zu studieren und zu leben, mit all dem Gepäck, von dem Sie gesprochen haben, war das auch so etwas wie eine Rückkehr, über die Generationen betrachtet?

FM: Eine kleine Ergänzung dazu: Als ich mich entschloss, wieder nach Deutschland, nach München zu gehen – in die Stadt nicht nur meines Großvaters, sondern auch der Pringsheims –, also dort meinen Wohnsitz zu haben, da wollte ich zum ersten Mal die deutsche Staatsbürgerschaft haben.

Ich hatte die ja nicht und wusste nicht, was ich eigentlich tun musste, wenn ich hier nicht nur leben, sondern jetzt endlich auch meine Identität in Deutschland suchen wollte. Da bin ich aufs Passamt gegangen, und da war eine junge Frau, die sich wenig auskannte. Die ist ziemlich lang verschwunden, denn sie musste sich selbst erst informieren. Als sie wiederkam, sagte sie: »Es gibt im Grundgesetz den Artikel 116, Absatz 2. Alle deutschen Staatsbürger, die zwischen dem 30. Januar 33 und dem 8. Mai 45 ausgebürgert worden sind aus politischen, rassischen oder religiösen Gründen, erhalten oder haben automatisch die deutsche Staatsbürgerschaft wieder erworben, wenn sie ihren Wohnsitz in der Bundesrepublik haben – und wenn sie nicht ablehnen, Deutsche zu sein. Also, Sie wohnen jetzt wieder hier, Sie haben hier studiert von dann bis dann und so weiter: Wenn Sie deutscher Staatsbürger sein möchten, müssen Sie gar keine Bewerbung an uns richten, sondern es reicht, wenn Sie die Aushändigung eines Staatsbürgerschaftsausweises verlangen.« Das habe ich dann gemacht.

Es gab noch einen etwas schrägen Moment, als sie mir sagten, sie hätten noch weiter nachgeforscht. Mein Vater ist ja 1919 in Deutschland geboren, »aber da haben wir Dokumente bekommen, die können wir leider nicht lesen«. Das war nämlich in Sütterlinschrift. Na ja.

Dann habe ich meinen deutschen Pass beantragt. Und das war ein sehr schöner Moment, als ich diesen weinroten Pass ausgehändigt bekam und nicht las: »Bundesrepublik Deutschland«, sondern »Europäische Union« und dann drunter »Bundesrepublik« … Vor 20 Jahren hätte ich so einen Pass noch nicht bekommen, aber jetzt. Das war ein guter Moment. Deutschland als ein Teil des europäischen Konzerts, das hat mir gefallen.

Seitdem verstehe ich mich als deutscher Staatsbürger, und das erinnert mich ein bisschen an das, was Sie gesagt haben, Frau Weisband, dass Sie sich dann hier aufgehoben fühlten und gut behandelt. Und da haben Sie gemerkt: Doch, diese Identität kann ich annehmen.

***

MW: Ich glaube, dass »identitär« das Gegenteil von Identität ist. Eine stabile Identität besteht nicht nur aus einer Zugehörigkeit, nicht aus einem starren Selbstbild, sondern aus einer Vielzahl von Gemeinschaften, aus einem Mosaik von Spiegeln in anderen Menschen. Sie verlässt sich auf verschiedene Gruppenzugehörigkeiten. Darum stärkt alles Identität, was offene Räume bietet und die Möglichkeit zur Selbstentfaltung. Die Frage ist immer: Woraus schöpfen wir unsere Identität? Je unsicherer wir uns sind, je weniger Identität wir selbst von Hause aus haben, je weniger wir uns selbst kennen, desto rigider müssen die Strukturen sein, die uns von außen Identität schenken. Dann müssen es bestimmte religiöse Zusammenhänge sein, dann müssen es bestimmte Werte und Normvorstellungen sein, die auf gar keinen Fall von irgendjemandem überschritten werden dürfen, weil sie sonst unser sehr, sehr empfindliches Selbstkonstrukt angreifen.

Menschen hingegen, die eine starke Identität haben, können leichter Unterschiede tolerieren, weil sie tiefer verankert sind und wissen, wer sie sind. Eine starke Identität beruht entweder auf dem hohen Glück einer sehr guten Kinderstube, einer sehr wertschätzenden Erziehung und einer Vermittlung von Selbstbild und Resilienz. Oder – und das ist für die meisten von uns der Fall – sie ist das Ergebnis harter seelischer Arbeit, schmerzhafter Suche, Auseinandersetzung. Und es wäre ungerecht von mir zu sagen, dass jemand, der diese Arbeit nicht gemacht hat, weniger wert ist oder moralisch schlechter ist. Ich glaube nicht, dass das eine moralische Deutung ist, denn wir alle haben sehr verschiedene Ressourcen, um diese Arbeit zu machen. Viele von uns kommen gar nicht dahin oder haben nicht die Möglichkeiten.

Ich glaube aber, der Weg, um zu einer Gesellschaft zu kommen, die wenig identitär ist (also wo wir nicht insulare Gruppen haben, die versuchen, sich gegen andere Gruppen durchzusetzen, sich von diesen abzugrenzen und dadurch ihre Identität aufzubauen), liegt darin, gesellschaftliche Mechanismen zu bestärken, die es Menschen erleichtern, eine stabile Selbstidentität, ein stabiles Selbstbild aufzubauen. Eines, das Vielfalt inkludiert und lebt, also: es gibt viele, und ich bin eben so.

FM: Das Identitäre hat den Drang zur einen Identität, während Identität ja oft in sich auch Vielheit hat – ich nehme hier noch mal unseren Begriff des »schwarz-weiß Gesprenkelten« auf. Wir haben ja beide mehrere Pässe.

MW: Ich habe zwei, mit dem dritten überlege ich noch.

FM: Ich habe drei und könnte einen vierten haben: den tschechischen.

MW: Ich könnte noch den israelischen dazu haben.

FM: Das könnte ich wohl auch. In São Paulo habe ich mal den damaligen Oberrabbiner Henry Sobel, einen Amerikaner, getroffen, dem erzählte ich, dass ich zwei jüdische Großmütter habe, also auch auf mütterlicher Seite. Meine Mutter ist getauft worden, ihre Mutter nicht. Und er meinte: »Dann sind Sie Jude. Bei uns gibt es keine halben oder Viertel-Juden. Für uns sind Sie Jude!« Anders ist es bei der Abstammung von väterlicher Seite, um den Status dieser sogenannten »Vaterjuden« gibt es ja heftige Diskussionen.

Für mich war die Suche nach einem religiösen Halt, die mich damals zum Katholizismus geführt hatte, auch die Suche nach einer Familie als Ersatz für die, die ich verlasse. Meine Großmutter hat eigentlich sehr verständnisvoll reagiert. Sie sagte: »Für mich ist das nie etwas Wichtiges gewesen, aber für Freunde von uns, die konvertiert sind, zum Beispiel Bruno Walter und Otto Klemperer.« Komischerweise hat sie nie davon erzählt, dass ihr eigener Mann in einem sehr starken Prozess war, weg vom Luthertum in die Unitarische Kirche und dann doch da geblieben ist … Das habe ich erst sehr viel später erfahren. Dazu hat sie nichts gesagt, weil es ihr fremd war und geblieben ist. Sie war ja auch die, die im Gegensatz zu meiner anderen Großmutter das Judentum immer verleugnet hat. Das war typisch 19. Jahrhundert: die Proselyten, die sich in die Gesellschaft einfügen wollen, damit sie nicht mehr von Antisemiten angegriffen werden. Andere sind geflüchtet, wie Gustav Mahler nach Amerika, weil er es nicht mehr ausgehalten hat in Wien mit dem Antisemitismus.

Meine Mutter hat mir erzählt, dass meine Großeltern bei der ersten Schiffsüberfahrt nach Amerika interviewt wurden, und am nächsten Tag stand als Schlagzeile in der Zeitung: »Not a bit, says Frau Mann, jüdisch«.

Das ist generell eine interessante Frage, der Zusammenhang von Identität und Sichtbarkeit.

MW: In »Frag uns doch!«, meinem Buch über das Judentum, spreche ich vom »Sichtbarkeits-Paradoxon«.

Es ist mir einerseits ein Anliegen, marginalisierte Identitäten zu normalisieren. Ich möchte nicht, dass, wenn jemand zum Beispiel sagt: »Ich bin jüdisch« oder »Ich bin behindert« oder sonst was, dass dann kommt: »Oh, mein Gott!« Deutsche neigen dazu, entweder hyperpositiv zu sein: »Es gibt so viele jüdische Künstler, die ich liebe und verehre, und ich war auch mal in Israel.« Oder es ist halt negativ, aber es ist nie normal. Und ich möchte, dass es normal ist. Ich habe das in meiner Rede vor dem Bundestag »einfach nur Mensch sein« genannt. Ich möchte sagen können: »Ich bin jüdisch« und die Reaktion bekommen: »Ah, cool«, und dann geht es weiter im Gespräch. Dass das nicht so aufgeladen ist.

Das Einzige, was man tun kann, damit so eine marginalisierte, kaum sichtbare Identität nicht so aufgeladen ist, ist, sie sichtbar zu leben, sie öffentlich zu leben, aber sich nicht nur darüber zu definieren. Ich war schon eine bekannte Politikerin zu dem Zeitpunkt, als ich gefragt wurde, warum ich eigentlich einen Davidsstern trage? Und dann habe ich beschlossen: O. k., ich sage das ganz offen. Man kennt mich schon für andere Dinge, man kennt mich primär für andere Dinge, und das ist gut. Das soll auch so bleiben. Ich möchte nicht, dass das irgendwas überschattet. Und gleichzeitig möchte ich ganz natürlich, ganz nebenbei sagen können: »Ich bin übrigens jüdisch, ich bin übrigens komisch krank.«

Es gibt Aspekte meiner Identität, die ich nicht öffentlich mache, weil ich auch denke, da gibt es andere, die das repräsentieren, das ist fein. Aber in bestimmten Dingen muss ich. Andere Leute können es nicht, weil sie nicht schon vorher bekannt sind. Ein für ein anderes Thema bekanntes Gesicht zu haben, ist eine der wichtigsten Ressourcen, um eine Identität öffentlich zu normalisieren. Das Problem ist aber: Wenn ich öffentlich darüber rede, mache ich es zu einem Ding, mache ich es zu etwas Besonderem, das ist ja genau das Gegenteil von Normalisierung. Wenn ich aber nicht darüber rede, dann bleibt es etwas Besonderes, ein Geheimnis. Genau das ist das Paradoxon.

Für mich bin ich zu dem Punkt gekommen, dass ich Dinge jetzt sichtbar machen und offen darüber sprechen muss, damit meine Tochter damit vollkommen selbstverständlich umgehen kann. Das ist meine Logik.

FM: Und Normalität heißt dann eben auch nicht, sich damit über den anderen zu stellen, sondern einfach zu sagen: Das ist mein Ding.

MW: Genau: Das ist mein Ding. Meine Lieblingsfarbe ist übrigens Rot, das ist auch Teil meiner Identität und etwas, was ihr über mich wissen könnt. Und das ist keineswegs in irgendeiner Weise aufgeladen. Dahin möchte ich gerne für bisher marginalisierte Identitäten kommen, aber für eine solche Pluralität müssen sie erst sichtbarer werden und vorhandene Ungerechtigkeit muss überwunden werden.

***

wbg: Welche Bedeutung hat für Sie jeweils die Religion? Es gibt ja Religion und Glaube; reden wir zunächst vom Privaten und von der Rolle im Leben.

FM: Ich bin ja als Kind im Alter von zwei Jahren unitarisch getauft worden, ohne bis vor Kurzem zu wissen, dass diese unitarische Taufe aller vier Enkel Thomas Manns auf dessen alleinigen Wunsch vollzogen worden war. Der Unitarismus ist eine sehr freiheitliche amerikanische Religionsgemeinschaft, mit einem Bekenntnis zu absoluter Toleranz und einer besonderen Betonung des menschlichen Gewissens. Mein Großvater hat diese Gemeinschaft nach seiner Übersiedlung von Princeton nach Los Angeles dort kennengelernt, weil die Unitarier auch sehr stark den jüdischen Emigranten geholfen haben. Das ging über Erika, die hatte ihrem Vater von der First Unitarian Church erzählt, sodass er mit dieser Kontakt aufnahm und dann dort während des Krieges im Abstand von zwei Jahren zuerst seine beiden älteren und dann seine zwei jüngeren Enkel taufen ließ.

Während meiner Kindheit war ich fast durchgehend religiös eher indifferent, bis zu meiner ersten religiösen Phase mit neun, zehn Jahren nach meiner Übersiedlung nach Europa. Da wollte ich sogar katholisch werden. Die Atmosphäre, der Weihrauch, der Zusammenhalt der Kinder der Schule. Wir waren zwei Jahre in Österreich auf dem Land gewesen nach dem Krieg, dort war es sehr ländlich-katholisch. Meine Mutter hat mir damals gesagt: »Also, wenn du katholisch werden willst, dann warten wir noch mal zwei Jahre, und wenn du das dann immer noch willst, dann kannst du es werden.« Das ist dann aber bald wieder vorbeigegangen.

Mit Anfang 20 fiel dann der Groschen. Da war ich völlig durcheinander. Ich hatte mein Abitur gemacht, hatte dann mein Musikstudium mit dem Klavierdiplom abgeschlossen und flanierte innerlich durch die Welt. Auch die erste Beziehung zu einem Mädchen spielte da eine Rolle, die katholisch war. Sie war Musikerin, eine Kommilitonin von mir. Wir waren sehr intensiv zusammen, und dann ging sie weg.

Und dann geschah es, dass bei der Einstudierung von Wagners Bühnenweihfestspiel »Parsifal« im Zürcher Opernhaus auf Ostern hin diese Musik mich so packte. Das war wie ein Eingangstor, ein Wissen, wohin ich eigentlich will. Allerdings hatte ich diese Parsifal-Geschichte damals missverstanden als ein christliches Bühnenweihespiel. Ich hatte keine Ahnung, dass das eigentlich ein Konglomerat ist aus allen möglichen Religionen.

Das war die Zeit, wo der See gefroren war in Zürich, das passiert alle hundert Jahre mal. Ich bin dann immer mit dem Klavierauszug unterm Arm von Kilchberg aus, wo ich bei meiner Großmutter wohnte, die inzwischen seit einigen Jahren Witwe war, quer über den See gelaufen, immer zum Opernhaus. Das war eine Zeit des starken inneren Aufbruchs. Aber ich wusste überhaupt nicht, wohin es geht, das war die Hölle für mich. Ich bin immer um mich selbst gekreist. In meinem ersten Buch habe ich eine Situation beschrieben, wo ich wirklich dachte: Ich gehe jetzt in die Garage, schließe das Garagentor, steige ins Auto, kurble ein Autofenster runter und mache den Motor an. Diesen Gedanken habe ich dann doch nicht umgesetzt und habe mich stattdessen dem Katholizismus angenähert.

Ich habe einen guten Freund gefragt, einen Beleuchtungsinspizienten, der aus Graubünden kam und katholisch war, ob er denn irgendwen wüsste, und der nannte mir einen Jesuitenpater. Der war Psychologe, Psychotherapeut – die Jesuiten müssen ja immer noch einen zweiten Beruf haben. Es war ein alter Herr, der aus Basel kam; er war noch befreundet mit C.G. Jung gewesen. Damals war in der Schweiz nicht ihre Präsenz verboten, aber ihre Berufsausübung. Das war für mich alles sehr spannend. Bei ihm habe ich Konvertitenunterricht genommen.

Da habe ich gemerkt, die Gespräche, die Dialoge über diese Dinge sind wichtig – nicht nur, um Sachwissen zu erreichen. Sondern auch wegen der Begegnung, dass der was von mir wissen, erfahren, verstehen will. Auch seine Vorurteile, die er vielleicht hatte, mir gegenüber und meiner Familie. So etwa: »Sie mit Ihrem Namen, Sie haben doch schon von Anfang an Kredit, was wollen Sie denn?« Aber dann hat er mich auch immer mehr in die Zange genommen und mir den Spiegel vorgehalten, die Jesuiten, die können das ja. Auch mit dem Vater dieses Mädchens, in das ich mich verliebt hatte, die dann aber weg war, konnte ich lange Gespräche führen, mit ihm habe ich besprochen, was der Pater gesagt hatte.

Ich habe diese Leute auch benutzt, um mit mir selbst ins Reine zu kommen und eine Orientierung zu finden, die ich vorher nicht hatte. Da habe ich gemerkt: Identität kann man sehr stark nur im Wir, in der Spiegelung in Mitmenschen gewinnen, die einem wohlwollen. Das war für mich eine ganz wichtige Zeit, in der das Wir, das Gespräch, für mich das Entscheidende war. Die Suche nach einem religiösen, einem spirituellen Halt war für mich auch die Suche nach einer Familie als Ersatz für die, die ich verlasse. Ich war dann auch stolz, dass ich diesen Weg gegangen bin. Familie, ja, da muss man irgendwie damit fertigwerden, aber ich bin jetzt mein eigener Mann. Das hatte nicht nur mit Religion zu tun.

Nachdem ich in Zürich meinen Abschluss gemacht hatte, bin ich nach Rom gegangen, um dort weiter Musik zu studieren, an der Santa-Cecilia-Musikakademie. Ich hatte Dirigierunterricht bei Franco Ferrara. Dort suchte ich einen Ordenspriester auf, der mir empfohlen worden war. Der hat mich in seiner Diözese, in Florenz, in einer Kapelle getauft. Und schon gleichzeitig wollte ich Theologie studieren, mich nur so mal taufen zu lassen, genügte mir nicht.

Ich habe theologische Fernbriefe aus der Schweiz studiert und dann im nächsten Sommer in der Schweiz die kleine Missio Canonica absolviert, so eine Prüfung als Mini-Religionslehrer. Dann bin ich nach München gewechselt und habe dort das Theologie-Studium begonnen. Und dort habe ich auch meine Familie gegründet. Unser Sohn ist in Landsberg am Lech geboren, wo meine Frau eine Lehrerstelle hatte. Und ich war Hausmann.

Ja, das war der Anfang, aber schon im zweiten Semester, da merkte ich: Diese Stickigkeit der dogmatischen Theologie, die reicht mir nicht aus. (Man musste als Erstes immer scholastische Theologie studieren, das kam mir so mittelalterlich-vorgestrig vor.) Ich habe dann schon immer Vorlesungen und Seminare besucht, und mein großes Highlight war schließlich die Philosophie: ein ganzes Sommersemester über »Ich und Du« von Martin Buber. Das war für mich wie eine Offenbarung. Ich hatte das irgendwie gesucht, diese religionsphilosophischen weiten Dimensionen. Ich habe dann mit einem ermutigenden ersten Erfolg an der Universität eine wissenschaftliche Hausarbeit geschrieben über bestimmte Grundbegriffe in »Ich und Du«.

Parallel zu »Ich und Du« habe ich mich auch schon mit Martin Luther beschäftigt. Ich wollte unbedingt wissen, wie der diesen radikalen Ausbruch, diesen Sprung aus dem Katholizismus in das Reformatorische hinein vollzogen hat. Und im dritten Semester habe ich an einem Seminar über die lutherischen Bekenntnisschriften teilgenommen, im Institut für Ökumenische Theologie. Das war neu gegründet, Heinrich Fries, der Professor, hatte das von Hans Küng in Tübingen abgeschaut. Und noch während dieses Seminars, nur ein gutes Jahr nach Beginn meines Studiums, bin ich zu Professor Fries gegangen und habe ihn gefragt, ob ich eine Doktorarbeit beginnen kann. »Why not?«, hat er gesagt. Ich habe erzählt, dass ich was über Luther machen will, und da sagte er: »Machen Sie mal. Machen Sie was über das Abendmahl beim jungen Luther, vorreformatorisch, die Wandlung, bis er dann diesen Durchbruch zu seiner eigenen reformatorischen Theologie hatte.«

Und da war ich sozusagen religiös saniert. Vom Katholizismus wollte ich damals schon eigentlich kaum mehr etwas wissen. Ich hatte auch Streitgespräche mit einem sehr konservativen Theologie-Doktoranden, der über ein ganz anderes Thema promovierte; ein Schweizer auch er. Wir haben uns furchtbar gestritten, und ich war völlig verunsichert, und damit entfernte ich mich noch weiter von der katholischen Theologie. Ich wusste ja auch, dass ich heiraten und Kinder haben wollte, und hatte inzwischen auch meine spätere Frau kennengelernt.

Und dann habe ich mir gesagt: Ich ziehe mein Studium einfach ganz schnell durch, ich erzähle den Professoren immer nur, was sie hören wollen, selbst interessiert mich das eigentlich überhaupt nicht. So habe ich es gemacht und habe dann per Zufall in Münster eine Stelle bei Karl Rahner gekriegt. Der, mit dem ich mich so gestritten hatte, war zuletzt sein Assistent gewesen und wollte seine Stelle aufgeben. Ich bin dann dafür nachgerückt. Rahner kam aus München nach Münster und mochte die Stadt gar nicht. Er war Süddeutscher und sagte: »Was will ich in diesem Loch da oben?«

Wirklich warm geworden mit Rahner bin ich allerdings nie, und er mit mir auch nicht. Sein Interesse lag nicht auf der Psychologie, sondern mehr auf der Physik. Er hatte eine Hilfskraft, einen Physiker. Über die Psychologen sagte er immer: »Ach, die gründeln immer so wie die Enten im Teich.« Deswegen haben wir nie wirklich zueinandergefunden. Er ist verfrüht wieder nach München zurückgegangen, er war krank. Dann war ich eine Zeit lang bei Johann Baptist Metz, dem Begründer der »neuen politischen Theologie«, der der Theologie der Befreiung in Lateinamerika sehr nahe stand. Ich bin dann ganz in die Psychologie, in die Psychiatrie gewechselt und habe jahrzehntelang in Psychotherapie und Psychologie gearbeitet.

Zur Jahrtausendwende erfolgte meine erste Auseinandersetzung mit Hans Küngs Weltethos. Ich war davon erst mal begeistert – bis ich es genauer kennenlernte. Ich bin da eingestiegen und war sogar Mitglied des

Weltethos-Kuratoriums in der Schweiz. Und da habe ich mit der Zeit gelernt, dass das Konzept doch ziemlich kopflastig und konstruiert ist. Danach gibt es zusätzlich zur Goldenen Regel der Nächstenliebe vier weitere, allen Religionen gemeinsame Eigenschaften, die den interreligiösen, den Frieden garantierenden Dialog fördern.

Für mich war das alles nicht stimmig, beispielsweise die Gleichberechtigung von Mann und Frau als einer der angeblichen gemeinsamen Nenner aller Religionen. Das Gegenteil davon stimmt. Es gibt ja kaum eine Religion, die diese Gleichberechtigung überhaupt in Betracht zieht. Es war in Wirklichkeit die Aufklärung, die dies gefordert hat, und die Französische Revolution.

Während dieser Jahre schrieb ich das Buch »Das Versagen der Religion«. Da war ich eben aus der katholischen Kirche ausgetreten, nachdem Papst Benedikt XVI. den exkommunizierten Holocaust-Leugner-Bischof Richard Williamson aus machtpolitischem Kalkül wieder in die Kirche aufgenommen hatte. Ein deutscher Papst nimmt Bischöfe wieder in die Kirche auf, die wegen der Leugnung des Holocaust ausgestoßen worden waren. Das war für mich das Ende!

Eigentlich hatte ich mich schon seit Jahrzehnten in der inneren Emigration von der katholischen Kirche befunden, besuchte auch nie mehr einen katholischen Gottesdienst. Und dann bin ich offiziell ausgetreten. Es ging durch die Presse.

wbg: Aber Sie sind ausgetreten und woanders wieder eingetreten.

FM: Noch nicht. Erst als ich nach München kam und mich da zu Hause fühlte, weil es die Stadt meiner Vorfahren war, und als ich dort die deutsche Staatsbürgerschaft gesucht habe.

Da habe ich dann auch den Anschluss gesucht, aber nicht zur katholischen, sondern zur lutherischen Kirche. Meine Vorfahren waren Lutheraner gewesen. Meine Frau war in der Erlöserkirche in München konfirmiert worden, und wir dachten, da könnten wir doch eigentlich mal hin. Da haben wir ein paar Predigten gehört, die fand ich sehr anders, sehr viel angenehmer und reformerischer als die katholischen. Aber nach einer gewissen Zeit dachte ich mir etwas enttäuscht: »Ach nee, das ist eigentlich das Gleiche mit

WAS ICH AUS MEINER KINDHEIT MIT MIR TRAGE

FRIDO MANN

Schon früh und dann immer wieder in meinem Leben war ich stark in politische Ereignisse involviert, was sicherlich mit der Dichte und Fülle der Gespräche darüber bereits während meiner frühesten Kindheitsjahre zusammenhängt. Ich bin geprägt von der Perspektive meiner aus Nazideutschland in das rettende Amerika geflüchteten Emigrantenfamilie. Wahrscheinlich ist es meine allererste Erinnerung, wie ich mit knapp vier Jahren beim frühmorgendlichen Ankleiden im Bad meiner Großmutter im kalifornischen Großelternhaus in Pacific Palisades nach der fieberhaften Anspannung und Aufregung während des vorangegangenen Tages wegen des fehlgeschlagenen Hitler-Attentats am 20. Juli 1944 von diffusen Gefühlen ergriffen war. Ich muss mir selber irgendetwas von Helden vorgesagt haben, die vergeblich versucht hatten, die ganze Welt von einem abscheulichen Ungeheuer zu befreien, mit vielen Toten und Verletzten als Folge.

Zwei oder drei Jahre später verbrachte ich fast täglich Stunden im Zimmer meiner Tante Erika und hing an ihren Lippen, wenn sie mir ungeschminkt ihre drastischen Kriegs- und Nachkriegserlebnisse als US-amerikanische Kriegsberichterstatterin wiedergab: der deutsche Blitzkrieg in London im Herbst 1940, ihre tollkühnen Jeep-Fahrten durch das im Sommer 1944 teilweise wieder zurückeroberte Frankreich, immer haarscharf vorbei an den penibel zu umfahrenden »deutschen Taschen«. Dann bald ihre Horrorerlebnisse in dem eben von den US-Amerikanern befreiten Konzentrationslager Dachau 1945 und schließlich kurz vor und während des ersten Nürnberger Prozesses ihre anonymen, wortlosen »Besuche« in den

Gefängniszellen der eingesperrten Hauptkriegsverbrecher vor deren Hinrichtung.

Das tief in mir liegende Bedürfnis, mich mit Verfolgten und unschuldig Angegriffenen gegen deren brutale Aggressoren innerlich zu verbünden, ist sicherlich auch eine Folge der zu Kriegsende im Familienkreis geballt zur Sprache kommenden Nazi-Kriegsverbrechen, die meine Kinderohren aufnahmen, auch wenn sie sie nur halb verstanden.

Besonders sensibel reagierte ich als junger Erwachsener auf eklatante Verletzungen des Völkerrechts wie 1956 bei der Niederschlagung des Ungarnaufstands durch sowjetische Panzer und 1968 beim Einmarsch der Truppen des Warschauer Pakts in die Tschechoslowakei.

Und geradezu in inneren Aufruhr geriet ich, als es – und das noch nach 1945 – um das Existenzrecht des jüdischen Volkes ging, dem ich der Abstammung meiner beiden Eltern nach auch angehöre. Besonders im »Sechstagekrieg« zwischen den arabischen Staaten und Israel im Juni 1967 fühlte ich mich ähnlich tief wie ein Vierteljahrhundert vorher unter dem Brandmal des Holocaust in meiner ganzen Existenz getroffen und fieberte mit Israel mit. Deshalb empfand ich es als Verrat an den Menschen und an Gott, dass 2009 mit Papst Benedikt XVI. ausgerechnet ein deutsches Oberhaupt der römisch-katholischen Kirche, in die ich Jahrzehnte vorher hineinkonvertiert war, aus kirchenpolitischem Kalkül die Exkommunikation des den Holocaust leugnenden und damit das jüdische Volk verhöhnenden Bischofs Richard Williamson und dreier weiterer Bischöfe aus der Piusbruderschaft aufhob und diese wieder in den Schoß der Kirche aufnahm. Dafür trat ich ohne das leiseste Zögern aus dieser Kirche wieder aus.

dem Glaubensbekenntnis und der ganzen Liturgie.« Ich bin jetzt noch drin, aber nur als Mitglied. Austreten werde ich nicht.

wbg: Persönlich, im privaten Leben, spielt Religion da eine Rolle oder eher nicht?

FM: Was eine Rolle spielt, ist eigentlich das: Luthertum oder Katholizismus, das sind zwei von vielen Religionen oder Konfessionen, die letztlich dasselbe wollen. Die Religionen selbst sind gar nicht so inkompatibel miteinander. Was oft inkompatibel ist, ist die Kultur, sind die Kulturen, in denen diese Religionen entstanden sind.

wbg: Damit sind wir auf einer anderen Ebene. Darf ich noch mal auf das Persönliche zurückkommen: Gibt es etwas im Privaten, im Familienleben, wo Religion eine Rolle spielt oder spielte? Gibt es bestimmte Rituale?

FM: Familiär im engeren Sinne nicht, aber in einem weiteren Sinn schon. Für mich war die ganze Konversion zum Katholizismus damals auch so eine Art Suche nach einer Familie, einer Weltfamilie.

Und Jahrzehnte später kam ich in Kontakt mit dem interreligiösen Netzwerk von »Weltkloster«, in dessen Trägerverein ich seit acht Jahren aktiv bin. Dieses »Kloster« ist nicht ein Gebäude mit halbdurchlässigen Klostermauern, sondern ein länderübergreifendes Netzwerk, in welchem schwerpunktmäßig Mönche und Nonnen, Ordinierte und Geistliche in verschiedenen Gast-Klöstern und sonstigen unterschiedlichen Religionen zugehörigen Institutionen für einige Tage zu einem gelebten, interspirituellen Erfahrungsdialog auf Augenhöhe zusammenkommen. Dieser dient auf kontemplativer Basis dem gemeinsamen Ergründen der jeweiligen eigenen religiösen und spirituellen Wurzeln. Diese Begegnungen fördern darüber hinaus sowohl das gegenseitige empathische Verstehen als auch die Akzeptanz und Wertschätzung verbleibender kultureller und spiritueller Unterschiede.

Dies ist gewissermaßen das konzeptionelle Zentrum des Weltklosterkonzepts. Der über den interreligiösen Bereich hinausgehende religionsübergreifende Aspekt besteht darin, dass wie in konzentrischen Kreisen um den monastischen Kern herum auch Dialoggespräche mit Nicht-Ordensleuten im Bereich einer spirituell begründeten Musik, Literatur, Philosophie sowie im Bereich der Naturwissenschaften und gesellschaftspolitischer Themen stattfinden, um auf tieferer Erfahrungsebene in einen Austausch zu treten.

In besonderer Erinnerung geblieben ist mir beispielsweise eine intern über Tage vorbereitete naturphilosophische Podiumsdiskussion zwischen einem Quantenphysiker und einem buddhistischen Rinpoche sowie ein öffentlich improvisierter musikalischer Dialog zwischen einem Shakuhachi-Flötenspieler und einem prominenten Konzert-Geiger.

Das Hauptziel all dieser Begegnungen bleibt zwar die spirituelle Selbstfindung und der empathisch-wertschätzende Dialog auch in der verbindenden Stille der Kontemplation als Weg zu einem inneren Frieden. Angesichts der gegenwärtig zunehmenden Gefährdungen und Störungen unseres äußeren gesellschaftlichen Friedens wird aber auch ein wachsames politisches Bewusstsein und die Bereitschaft zum inneren wie äußeren Widerstand gegen jede unmenschliche Diskriminierung, Hass, Rassismus, Nationalismus und Populismus immer wichtiger – auf der Grundlage eines spirituell geschulten und gefestigten Geistes.

Ich bin davon überzeugt, dass meine jahrelange Mitwirkung in diesem interspirituellen Netzwerk meine politische und psychologische Auseinandersetzung mit der gegenwärtigen Krise unserer Demokratie geschärft hat, und auch mein Bewusstsein, wie wichtig die Orientierung des politischen Diskurses an den tiefenexistenziellen Dimensionen der großen kontemplativ-religiösen Traditionen ist.

MW: Ich habe eine Rückfrage dazu: Gibt es etwas an Religion, das in besonderem Maße geeignet ist, diese Form von Dialog, von Miteinander des Unterschiedlichen zu fördern?

FM: Ich denke, das Prinzip ist im Grunde dasselbe wie in der Gesprächspsychotherapie, wo es um Authentizität geht, Echtheit, wie es so schön heißt. Oder das aktive Zuhören beziehungsweise das einfühlende Verstehen im Sinne des US-amerikanischen Psychologen und Pädagogen Carl Rogers. Im Weltklosterkonzept aber finden die Begegnung und der Austausch auf einer nichttherapeutischen und tieferen Ebene statt.

Das, was dort Erfahrungsdialog heißt, lässt sich im säkularen Bereich auf die Ebene des mehr psychologisch-politischen partnerzentrierten Diskurses übertragen. Ich habe das wiedererkannt bei der letzten Vortrags- und Schulreise mit der Friedrich-Naumann-Stiftung. Da hatte ich ein Podiumsgespräch mit dem früheren FDP-Vorsitzenden Wolfgang Gerhardt. Der hat die folgende Geschichte erzählt: Als die Wende kam, war er an der Seite von Außenminister Hans-Dietrich Genscher dabei gewesen, als dieser mit dem sowjetischen Außenminister Eduard Schewardnadse verhandelte: »Was machen wir jetzt, wo sich so viele DDR-Bürger in die Prager Botschaft geflüchtet haben?« Die Deutsche Botschaft konnte die ja nicht ewig beherbergen, und die Frage war: »Wie gehen wir jetzt damit um?«

Und Genscher hat wohl die Fähigkeit gehabt, mit Schewardnadse in einer Weise zu reden, dass er sich die ganze Zeit fragte: »Was will der mir denn eigentlich damit sagen? Was meint er denn eigentlich? Was geht in ihm vor?« Also so, wie man es in der Gesprächstherapie lernt als Psychologe. Und Schewardnadse, der das wohl in der Sowjetunion nicht gewohnt war, hat sich immer mehr geöffnet, und das hat die Kommunikation verbessert. Irgendwann fragte er Genscher: »Was wünschen Sie denn von mir?« Das hatte er sich vorher nicht getraut zu sagen, aber jetzt: »Die Ausreise in die Bundesrepublik.« – »Gut, machen wir.«

Da habe ich gedacht: Der hat erfasst, was in den Religionen auch laufen kann, wenn man den Konfliktpunkt auf eine noch tiefere Ebene bringt. Hätten sich Genscher und Schewardnadse noch länger unterhalten, wer weiß, in was für Tiefenbereiche das noch hätte gehen können. Das ist der Punkt, wo ich sage, das partnerzentrierte Gespräch sollte eigentlich auf den Grundprinzipien des Erfahrungsdialogs aufbauen. Darauf, dass die tiefere Ebene des Menschlichen das eigentlich Gültige ist. Das muss nicht nur verbal ablaufen, sondern kann auch in Meditation oder Musik geschehen. Da sehe ich den Zusammenhang, dass der Dialog bis in die Wurzeln von menschlichen Einstellungen und Grundhaltungen gehen sollte, auch ganz ohne die religiöse Ebene.

MW: Weil alle Religionen irgendwie fußen in den urmenschlichsten Sehnsüchten: Wer bin ich? Worauf hoffe ich? Wie gehe ich damit um, dass ich sterben werde? Das haben wir alle gemeinsam, und ich glaube, wir sind nie so ehrlich, wie wenn wir über diese Themen nachdenken und reden.

FM: Das ist genau der Punkt: Woher komme ich, wer bin ich? Wohin geht es?

Ich erinnere mich an die Beerdigung eines Schwagers von mir. Sein Vater war Biologe gewesen, und in der Familie hatte es nie Gespräche über Religion gegeben. Aber am Sterbebett, wo sich alle Söhne versammelt hatten, sagte er (so erzählte es mir einer der Söhne): »Junge, jetzt bin ich aber neugierig, ob noch was kommt!« Das sind die Dinge, die ganz aus der Tiefe heraus kommen in Momenten, wo man weiß: Jetzt ist es gleich zu Ende.

wbg: Frau Weisband, jetzt sind wir gespannt zu hören, was Religion für Sie bedeutet und welchen Stellenwert sie hat.

MW: Ich bin ohne Religion aufgewachsen, ich komme aus einer Familie, die atheistisch war, wie die meisten Juden in der Sowjetunion.

In Deutschland musste ich als Kind in der Grundschule in den katholischen Unterricht, in der weiterführenden Schule in den evangelischen. Ich habe lange nach Zugehörigkeit gesucht, und bei der Suche tauchte Gott durchaus auf. Ich habe mich als 14-, 15-Jährige mit Theologie beschäftigt, auch stark mit der katholischen.

Und dann habe ich mit 17, kurz vor meiner Mathe-Abiprüfung, »Krieg und Frieden« gelesen. Wie man das so macht, kurz vor einer Matheprüfung. Und am Vorabend der Prüfung ist Fürst Andrej Bolkonski gestorben, ihm wurde die Seite von einer Granate weggerissen, und er fiel auf den Rücken und er sah den Mond. Vorher hatte er noch Blätter von Büschen gepflückt und sie zerrieben und daran gerochen. Ihm war langweilig, er stand in der Reserve, und die Granate kam angeflogen. Und er fiel und sah den Mond und dachte: Ich werde nie wieder den Mond sehen. Und ich dachte: Und er wird nie wieder Blätter von einem Busch pflücken oder den Arm heben oder irgendwas machen können.

Ich dagegen habe diese Freiheit: Jetzt, da ich lebe, und sogar, wenn ich morgen die Matheprüfung versemmle und auf der Straße lande, im Gefängnis lande – was für mich die logische Konsequenz daraus war. Sogar dann werde ich diese letzte aller Freiheiten haben: einzuatmen, etwas zu sehen, etwas zu denken, etwas zu riechen. Ich werde immer Mensch sein, so lange, wie ich lebe, und darin liegt ein unergründliches Glück. Und wäre ich nicht hier, wäre hier ein ich-förmiges Loch.

Das war das erste Mal, dass ich das Gefühl hatte, die Welt hält einen Platz für mich bereit. Weil ich vorher als Immigrantin immer das Gefühl hatte, das ist, als ob alle eine Party feiern, auf die ich nicht eingeladen war. Bei der ich trotzdem zufällig gelandet bin, aber niemand hat auf mich gewartet, und niemand hält einen Platz für mich bereit. Das war das erste Mal, dass ich gespürt habe: Doch, es gibt diesen Platz für mich, und es ist an mir, etwas daraus zu machen.

Und ich habe daraus eine unendliche Resilienz geschöpft, ziemlich sofort. Ich musste meinen Notenschnitt verbessern. Ich war vorher depressiv gewesen, ich hatte einen schlechten Schnitt, aber ich wollte Psychologie studieren und brauchte dafür mindestens 1,6. Also habe ich mich ins Zeug gelegt. Ich wusste, beim Abiball werden die Einser-Zeugnisse auf die Bühne geholt, extra, und für diesen Moment habe ich gelernt. Ich habe mir das so vorgenommen: Ich werde dort auf der Bühne stehen. Und in meiner Matheprüfung habe ich 15 Punkte geschrieben, das war fantastisch. Ich hatte ein Einser-Zeugnis.

Und dann habe ich Chili con carne gegessen, und während ich gegessen habe, habe ich gehört, dass auf der Bühne der Typ aufgerufen wurde, der im Alphabet nach mir kommt. Ich hatte meinen Moment also zufällig verpasst. Ich habe unendlich geweint, und dann bin ich rausgegangen mit meinem Freund und meiner Mutter. Unglaublich habe ich geweint, ich hatte halt zwei Jahre darauf hingearbeitet.

Und dann habe ich den Mond angesehen und habe angefangen zu lachen. Und ich habe gedacht: Es ist alles gut. Ich kann mit allem klarkommen, weil ich hier bin und weil ich am Leben bin und weil es ab hier weitergeht. Und es ist egal, was mir widerfährt. Und diese Art von innerer Resilienz, so habe ich später erkannt, ist das, was Glaube ist.

Als ich im selben Jahr nach Münster gezogen bin, habe ich angefangen, mich stärker mit meinem Judentum auseinanderzusetzen. Ich bin dann irgendwann auch zur Gemeinde gegangen und habe mich immer tiefer begonnen hineinzuleben, fing an, den Schabbat zu halten, und habe gelernt.

Jetzt gerade lerne ich sehr, sehr intensiv. Ich mache eine Status-Anerkennung, damit ich vollwertiges Gemeindemitglied sein kann. Dafür lerne ich jetzt gerade sehr tief. Und ich habe das Gefühl, dass mir Religion nicht nur hilft, Widerstandskraft zu haben und beim Kämpfen zu bleiben, auch wenn es schwerfällt, sondern sie hilft mir auch, mich als Mensch anständig zu positionieren und mit anderen in Dialog zu treten. Denn für mich ist der Hauptsatz: Ich bin heilig, und heilig sollt ihr sein.

Gott ist etwas, das gibt und nicht nimmt. Dessen Liebe ist wie die Liebe einer Mutter. Etwas das bringt, aber nicht erwartet. Menschen nehmen, aber sie geben nicht. Ich möchte so nah wie möglich dahin kommen, heilig zu sein, nichts Böses zu sehen, nichts Böses zu denken, sondern zu helfen, mich für Gerechtigkeit einzusetzen, zu geben, ohne zu erwarten.

Und wenn ich auf Twitter im Dialog bin, und irgendjemand pampt mich an, und eigentlich habe ich den perfekten sarkastischen Kommentar auf der Zunge (ich bin sehr gut in Sarkasmus), dann denke ich: Nein, ich begegne dem jetzt wie ein Mensch. Und ich sage etwas wie: »Hey, ich verstehe, wo du herkommst, und ich habe das Gefühl, vielleicht geht's dir grad nicht gut, und deswegen fährst du mich so an. Aber ich bin nicht der Grund dafür, dass es dir grad nicht gut geht.«

Und es ist erstaunlich, was das für Reaktionen auslöst, gerade weil es im politischen Dialog selten ist, dort wird selten so gedacht und selten so gesprochen. Und ich merke, wie gut es mir tut, so zu sprechen, denn die Leute antworten mir plötzlich in demselben Ton. So, wie ich mit ihnen spreche, so sprechen sie auch mit mir. Und unsere gesamte Gesprächskultur verändert sich radikal.

Es gibt zwei Arten, wie Religion gelebt wird. Ich finde es dabei hilfreich, die Begriffe Religion und Glaube zu unterscheiden. Man kann Religion leben als etwas, das Tradition ist, das gesellschaftliche Verhaltensregeln vorgibt und das mich von anderen Gruppen unterscheidet, nach dem Motto: Das ist, wer wir sind. Und das sind die anderen. Das haben alle Religionen.

Und es gibt Glaube: Das ist für mich das, wo man nach dem Menschlichen sucht, nach dem Heiligen, nach dem Miteinander. Das beginnt nicht bei den Ritualen, die man einhält – obwohl die helfen können, dorthin zu kommen, wenn man sie ernsthaft und tief im Herzen macht.

Ich glaube, alle religiösen Menschen, die aus tiefem Herzen glauben und seelische Arbeit an sich machen, haben diese tiefe Gemeinsamkeit, dass sie sich auf dieser Ebene unterhalten können. Allein, dass ich Bischof oder irgendein Würdenträger bin, heißt allerdings nicht, dass ich diese seelische Arbeit auch gemacht habe.

wbg: Im Judentum gibt es ja eine ausgeprägte Streitkultur. Es gibt unterschiedliche Strömungen und teilweise konfliktreiche Auseinandersetzungen zwischen ihnen. Aber es gibt eben nicht die Konfessionen, wie das bei den christlichen Kirchen der Fall ist.

MW: Also, ein bisschen ähnlich wie Konfessionen ist es schon. Die Strömungen sind sehr unterschiedlich und werden teilweise auch sehr verschieden gelebt. Aber ja, es gibt eine sehr lebendige Streitkultur, und auf eine Weise ist das Judentum natürlich auch sehr inklusiv. Also zum Beispiel, wenn ich einen Minjan zusammenrufen müsste (das für den Gottesdienst nötige Quorum von zehn Personen), dann würde ich Sie einladen. Sie haben ja eine jüdische Großmutter und folglich eine jüdische Mutter. Dass Sie sich einen Christen nennen, das ist für diesen Fall dann ganz irrelevant. Genau das ist mir sympathisch, und ich bin ja auch so aufgewachsen.

Meine Eltern sind nicht religiös, nie religiös gewesen, aber sie haben durchaus diese Kultur und diese Streitkultur. Meine Mutter hat niemals gesagt: »Du machst das jetzt, weil ich das sage.« Niemals! Sie hat mir immer erklärt, warum ich das jetzt machen muss, auch schon als ich vier war, und genauso ziehe ich jetzt meine Tochter groß. Ich gebe meiner Tochter aber etwas, das meine Mutter mir nicht gegeben hat. Ich gebe ihr Religion und Rituale mit. Später kann sie sich davon distanzieren. Sie kann später sagen: »Das bringt mir alles nichts, das will ich nicht.« Aber wenn sie es braucht, dann wird sie es haben und es nicht so schmerzhaft suchen müssen wie ich. Denn dieser Weg zurück ins Judentum ist für mich ein sehr, sehr schwerer gewesen, mit viel Schmerz verbunden.

wbg: Sind Sie darüber mit Ihren Eltern im Dialog?

MW: Mein Vater ist inzwischen gestorben. Der liegt auf dem jüdischen Friedhof in Dortmund. Meine Mutter, die findet das gut, dass ich etwas habe, was sie mir versäumt hat zu geben. Was sie selbst aber auch nicht bekommen hat.

wbg: Wir haben über zwei Ebenen der Religion gesprochen: die religiöse Praxis des Einzelnen und Religionen als Gruppenidentität. Ein weiteres großes Thema und Streitfeld ist ja das Verhältnis zwischen Religion und Politik.

FM: Ein Beispiel, das mir erzählt wurde: Monika Schoeller, die Verlegerin meines früheren Verlags S. Fischer reiste mit ihrem Vater, dem Verleger Georg von Holtzbrinck, als junges Mädchen nach Tel Aviv, wo er mit dem ersten israelischen Ministerpräsidenten David Ben-Gurion zusammentraf. Den hat er wohl häufig besucht und mit ihm gesprochen, und sie war immer dabei. Was sie am meisten beeindruckt hat, war, dass er sich jedes Mal, wenn er eine schwierige politische Entscheidung treffen oder verkünden musste, immer erst eine halbe Stunde oder Stunde lang zurückzog und tief in sich meditierte. Danach konnte er mit großer Überzeugungskraft auftreten. Das hat mich ungeheuer beeindruckt und auch an meine Erfahrungen im Weltkloster erinnert.

MW: Ich habe ein Video geschaut von einer Umweltaktivistin, die sehr religiös aufgewachsen ist und bei ihrem Missionieren etwas gelernt hatte, was sie jetzt auf die Klimapolitik anwendet. Es geht darum, wie man mit Leuten über Klimapolitik spricht, ohne sie total zu verschrecken und ohne dieses moralapostelhafte Von-oben-Belehren.

Sie sagte: »Ich gehe folgendermaßen vor: Es gibt eine Trias in der Missionierung, das ist ›deine Geschichte‹, ›meine Geschichte‹ und ›Gottes Geschichte‹. Ich beginne mit ›deiner Geschichte‹, das heißt, ich hole dich erst mal ab. Ich frage: Hey, wie geht's dir? Wer bist du, wo kommst du her, was ist dein Deal, was machst du? Das heißt, ich erfahre erst mal über deine Bedürfnisse, über deine Wünsche, über deine Vorurteile, über alles, was bei dir ist. Dann erzähle ich von mir, das heißt: Wie bin ich dahin gekommen, was war mein Weg, was ist mein Deal, was sind meine Wünsche? Dann erst erzähle ich von Gott oder in diesem Fall vom Klima.« Ich komme über die persönliche Ebene, und das ist keine psychologische Manipulation. Manipulation hätte was Unehrliches, ich finde diese Art zu sprechen sehr viel ehrlicher. Sie beginnt nicht mit: »Guten Tag, darf ich mit Ihnen über die Telekom sprechen?« Sondern sie beginnt damit, erst mal eine Verbindung zwischen uns als Menschen aufzubauen.

Wenn ich heute mit Verschwörungstheoretikern spreche, dann wende ich diese Methode sehr stark an, weil ich gelernt habe, dass man Verschwörungstheoretiker und ihre Verschwörungstheorien niemals widerlegen kann. Es ist ein unendliches Gespräch, wenn ich es so versuche: »Nein, das stimmt aber nicht, hier ist ein Fact Check …« Dann kommen sie mit der nächsten Behauptung. »Nein, die stimmt auch nicht, hier ist auch ein Fact Check.« Das ist überflüssig und radikalisiert die Leute sogar eher. Es führt zu Reaktanz, über die wir ja bereits in anderem Kontext gesprochen haben.

Was aber Leute sehr gut abholt – ich habe das mehrfach selbst gemacht –, ist zu sagen: »Hey, wie geht's denn dir mit der Pandemie? Ich habe gehört, euer Betrieb ist in Kurzarbeit gegangen, wie kommt ihr denn über die Runden? Wie läuft das? Wie ist es, so viel Zeit mit deinem Partner in der Wohnung zu verbringen? Welche Mechanismen habt ihr, um zu copen? Ja, bei mir war das auch ziemlich schwer so, ich habe mich voll unsicher gefühlt, und dann bekommt man ja auch total viele Nachrichten und denkt immer: Was ist da dran? Was ist da nicht dran? Es ist ja auch gruselig, wenn man plötzlich bestimmte Dinge nicht mehr darf von der Regierung aus. Ich habe auch immer Angst, dass die Regierung zu paternalistisch wird. So sehe ich das.« Und plötzlich ist es eine ganz andere Ebene, auf der wir uns unterhalten.

Und ich glaube, den anderen zu sehen im Gespräch, ist tatsächlich eine Kunst, fast hätte ich gesagt, die uns verloren gegangen ist. Aber das stimmt so nicht.

FM: Die muss man sich vielleicht immer wieder erarbeiten.

MW: Ich glaube nicht, dass es je eine Zeit gab, in der wir das flächendeckend konnten. Ich glaube eher, es ist an jedem von uns, vor so einem Gespräch kurz zu meditieren: O.k., der andere ist eine Person, hat Wünsche und Bedürfnisse. Eine Person, die andere politische Überzeugungen vertritt, ist nicht notwendigerweise dumm. Sondern die hat etwas, wo sie herkommt, hat eine Geschichte.

wbg: Anknüpfend an das Thema Verschwörungstheorien, würde ich gerne auf das Verhältnis zwischen Religion und Esoterik zu sprechen kommen. (Das Thema Esoterik kam ja schon mal auf, als wir über Putin gesprochen haben.)

MW: Ein Aspekt ist für mich besonders wichtig: die Unterscheidung zwischen Glaube – ich unterscheide hier wieder: Religion kann auch Esoterik sein, kann reine Esoterik sein – und schädlicher Esoterik. Auch in der Esoterik gibt es Dinge, die positiv sein können. Der Unterschied zwischen Glaube und schädlicher Esoterik ist für mich: Erfordert es seelische Arbeit?

Glaube erfordert seelische Arbeit an mir. Glaube ist etwas, das mich zwingt, in mein Inneres zu schauen, auch dorthin, wo es weh tut, mir Dinge einzugestehen, die ich falsch mache, was ein schmerzhafter Prozess ist. Glaube zwingt mich, sehr ehrlich zu mir selbst zu sein. Glaube hat ganz, ganz viel mit Aufrichtigkeit zu tun, und zwar in erster Linie sich selbst gegenüber. Esoterik dagegen ist eine Reihe von Handlungen, die im Außen wirken und die sich auf äußere Kräfte verlassen.

FM: Und die auch verabsolutieren: Das ist das Einzige, und alles andere ist falsch.

MW: Auch das kommt hinzu. Einige Leute leben auch Religion so, also verabsolutieren und sagen: Jesus ist für mich alles, und Jesus macht alles. Und für mich ist dieses den Glauben komplett im Außen Sehen – ich muss nur beten, und dann passiert etwas –, das ist eigentlich für mich esoterisch.

Deswegen ist das Wort Religion in meiner Generation auch ziemlich vergiftet. Also, wenn wir über Religion sprechen, mache ich mich damit nicht beliebt. Und deswegen ist es mir wichtig zu unterscheiden zwischen Religion als etwas, das zum Spalten aktiv genutzt und aktiv politisch benutzt wird (von allen, ich kenne keine einzige Religion, die nicht auch politisch missbraucht wird). Und auf der anderen Seite einem Glauben, einer ehrlichen Auseinandersetzung mit sich selbst, die letztlich viel mit Psychotherapie zu tun hat. Auch das ist Arbeit, hat mit Ehrlichkeit sich selbst gegenüber zu tun, und ja, auch mit Beziehungspflege.

wbg: In Deutschland ist die jüdische Religion ja nicht sehr sichtbar. Wenn Sie in Israel sind, ist die Situation ganz anders.

MW: Ja, aber in Israel, habe ich das Gefühl, wird Religion viel stärker politisch benutzt. Ich könnte nicht in Israel leben, in Israel wäre ich wahrscheinlich linksextrem. Ich habe einfach sehr großen Beef mit israelischer Politik und mit der Macht, die die Rechte dort hält, bei allem, was ich dort wirklich, wirklich gut finde. Es wäre verlockend, dort über die Wintermonate zu leben.

Vielleicht hat das Judentum hier in Deutschland sogar den Vorteil, dass es eine relativ private Angelegenheit sein kann und deswegen nicht so stark politisch missbraucht wird. Es ist auch eine marginalisierte Gruppe in Deutschland und hat deshalb eine ganz andere Stellung.

FM: Noch mal zu den Begrifflichkeiten: Religion, der Begriff ist tatsächlich sehr angekränkelt. Im Weltkloster sprechen wir von Spiritualität. Das ist eine Basis. Das ist das Neue, das Erfahrungsbasierte, wo jede Religion entsteht, bevor sie sich verkrustet und dann Wege geht, die ins Politische abgleiten. Interspiritualität nennen wir unseren Erfahrungsdialog.

MW: Das finde ich besser, weil Spiritualität etwas ist, wovon sich viel mehr Menschen angesprochen fühlen und was viel mehr Menschen inkludiert. Genauso wie es heute insgesamt diversere Lebensentwürfe gibt, gibt es auch so viele diverse Formen von Spiritualität. Und das Schöne an Spiritualität ist: Jede Form davon setzt sich mit der Seele auseinander.

Und es wäre totaler Quatsch, die Diskussion über Demokratie und über soziales Miteinander zu trennen vom Seelenleben.

FM: Ja! Aber die Crux sehe ich wiederum darin, dass das Wort Spiritualität im rein säkularen, im atheistischen Bereich auch schon negativ konnotiert ist und mit der Esoterik verwechselt wird, das ist sehr schwierig. Mit solchen Begriffen darf man den Menschen allgemein, und erst recht den Politikern, gar nicht erst kommen.

MW: Manchmal braucht man es auch gar nicht benennen. Ich glaube, die politisch mächtigsten Sätze sind: Wie geht es dir? Was brauchst du? Worauf hoffst du?

wbg: Kennzeichnend für Spiritualität sind offene Strukturen. Zum Lernen dagegen, auch zum religiösen Lernen, sind Strukturen oft sehr hilfreich. Die Frage nach den Strukturen haben wir uns ja auch im Kontext von Liquid Democracy schon gestellt. Es gibt eine Sehnsucht, ohne Strukturen auszukommen, aber geht das überhaupt?

MW: Ich glaube, es ist beides wichtig. Nehmen wir zum Beispiel Rituale und Traditionen. Ich habe das immer abgelehnt, ich bin ein sehr liberaler Mensch. Ich bin zwar gläubig, aber ich bin sehr liberal, und ich würde niemals wollen, dass Religion in irgendeiner Form Einzug hält in die Gesetzgebung. Ich finde, wir müssen uns begegnen, als Menschen an einem Ort der Spiritualität oder der Auseinandersetzung mit uns selbst. Aber das darf niemals Einzug ins Gesetz halten. Ich würde niemals wollen, dass die Dinge, an die ich am meisten glaube, allen vorgeschrieben werden.

Aber: Rituale und Traditionen sind sehr wichtig für uns Menschen, weil sie eine beruhigende Wirkung haben, weil sie eine verankernde Wirkung haben, und gerade jetzt, während der Krieg in der Ukraine tobt, habe ich gemerkt, dass ich viel mehr Rituale mache. Ich mache jeden Freitag Kiddusch, also begrüße den Schabbat, ich verabschiede den Schabbat jeden Samstag mit meiner Tochter. Diese Rituale sind mir unglaublich wichtig. Und ich gehe auch während des Schabbats nicht auf Twitter oder so. Ich bin weg, ich habe keinen Zugang zu Nachrichten. Und das ist mir unglaublich wichtig. Je zerrütteter die äußeren Umstände sind, desto wichtiger ist es mir und wird es mir zunehmend, mich an diesen Dingen festzuhalten. Wenn ich gesundheitlich kann, gehen wir in die Synagoge, und dann sind da lauter Leute, die genauso betroffen sind, und wir beten gemeinsam, und das ist so tröstlich. Das ist eine Struktur, aber sie erschafft in dem Moment Gemeinsamkeit und Wärme und Halt.

FM: Ich denke daran, was interspirituell im Weltkloster läuft, wenn man einfach mal aufhört zu reden und die Leute aus ihren Traditionen, aus ihrer Kultur irgendwas singen lässt, ein Instrument mitbringen lässt und einfach zuhört. Das verbindet unglaublich. Das ist auch ein Ritus. Musik aus verschiedenen Kulturen. Da macht zum Beispiel ein Sufi-Musiker aus Mannheim mit, der redet kaum ein Wort. Aber er spielt und singt, und das ist so wichtig.

MW: Wir haben auch andere Rituale, die nicht religiös sind und die entsprechend auch weniger Menschen ausschließen. Ja, die Gesellschaft braucht Rituale, und wir haben säkularisierte Feste, zum Beispiel die Weihnachtszeit, die omnipräsent ist, und wir haben Musik, die uns verbindet. Wir haben ganz viele Subkulturen.

Es gibt ja die Theorie, dass Verschwörungsideologien eine Funktion als Ersatzreligionen haben. Religion ist auf dem absteigenden Ast, aber die Leute müssen trotzdem an irgendetwas glauben. Wir sind als Menschen hardwired, an irgendwas zu glauben und uns irgendwas vorzustellen. Da gibt es die negativen Ausprägungen, wie Verschwörungstheorien und Esoterik usw. Es gibt aber auch die positiven Dinge, und ich glaube, dass alle Rituale, die wir haben als Gesellschaft, und alles, was uns erhebt und auf diese seelische Ebene hebt vom Alltag weg, unglaublich wertvoll ist. Das schließt die Kunst mit ein, das ist ja eine wichtige Funktion der Kunst. Sie soll uns aus dem Alltag losreißen und zur Beschäftigung mit uns selbst, mit unserer Seele führen. Etwas, das schön ist, das verankern kann, etwas, in das man sich zurückziehen kann, auch wenn Politik zu krass wird.

FM: Es gibt eine andere Ebene, die Hans Küng mal angesprochen hat, nämlich den Sport. Also zum Beispiel im Fußball: Das Hochheben des Pokals, das ist die Monstranz. Oder das Niederknien vorm Tor oder so, das sind unbewusste Dinge, die jetzt auch im ganz säkularen Sport sehr wichtig sind. Und was gibt es Spannenderes und Verbindenderes als eine WM, die letzten Spiele und so?

MW: Ich finde auch den Sport unfassbar wichtig. Auch dort sind Rituale, gemeinsame Emotionen, das gemeinsame Herausheben aus dem Alltag. Fan einer Fußballmannschaft zu sein, ist etwas, das auch das Leben mitprägt, außerhalb der Spiele, zwischen den Spielen. Ich kann das leider selbst nicht nachvollziehen, ich betrachte es von außen, aber ich kann es sehr respektieren.

FM: Aber gehen wir noch mal zur Kunst. Im ausgehenden 19. und frühen 20. Jahrhundert, und das galt in vieler Hinsicht auch für Thomas Mann, hatte man so eine Art säkulare Kunst-Religion. Wagner hat man zum Teil sehr verehrt, der sich ja auch selbst so verstanden hat. Oder man ist nicht mehr in die Kirche gegangen, aber hörte seine Bach-Kantaten.

Die Kunst hat ja dieses transzendierende Element. Schon alleine musikgeschichtlich gesehen. In meinem Buch »An die Musik« (der Titel ist von dem Schubert-Lied) reflektiere ich meine persönliche Beziehung zur Musik. Ich finde, man muss schon trennen zwischen der Qualität der Musik und dem religiösen Moment. Andererseits ist es auch so, dass auf dem Höhepunkt musikgeschichtlicher Größe, so von Bach bis Beethoven etwa, auch die Religion eine Rolle spielte, ob die nun christlich war oder freimaurerisch. Man kann sicher nicht sagen, dass nur da, wo die Religion intensiv da ist, auch die Musik großartig ist. Das wäre Dogmatismus. Aber es überschneidet sich schon sehr stark. Der große Johann Sebastian Bach war stark religiös, nach Beethoven nahm das ab. Schubert war dann schon ziemlich kirchenkritisch. Aber insgesamt kann man wohl schon sagen, dass da, wo Spiritualität eine große Rolle gespielt hat, auch Sternstunden der Musik waren.

Es muss wohl irgendeine Kraft da sein, damit Kunst möglich wird. Kunst kann ja auch kritisch sein, sie kann sogar scheinbar destruktiv sein – moderne Kunst. Aber, da gebe ich Hans Küng Recht, ein Sinn muss letzten Endes drin sein, sonst ist nicht mehr fassbar, was die Kunst eigentlich will.

MW: Eine andere Quelle von sehr tiefer, sehr inspirierter Kunst ist für mich neben der religiös inspirierten Kunst die subversive Kunst, die des Widerstands. Die Lieder, die ich am liebsten höre oder auch singe, entstammen ganz oft dem ukrainischen Widerstand gegen den sowjetischen Überfall von 1917. Oder ich habe dieses Bild gekauft von einer ukrainischen Künstlerin. Wenig hat mir in dieser Zeit so viel Kraft gegeben wie dieses Bild, auf dem eine klassisch gekleidete Ukrainerin eine Uniformjacke stickt. Sie stickt das Tarn-Muster, und sie sieht dabei so entschlossen, so resilient, so stolz und erhaben aus. Das ist übrigens etwas, was ich auch mache: subversives Sticken.

FM: Ist das vielleicht auch eine Form, Identität zu zeigen?

MW: Hier ist es eine Form, die Identität zu zeigen, ja. Aber zum Beispiel, als ich im März 2021 erfahren habe, dass Jens Spahn und Andi Scheuer die Kommission für die Masken leiten sollten, habe ich gestickt: »Wenn wir alles anzünden, sparen wir uns viele Zwischenschritte.« In Schreibschrift, mit Blumen drumherum. Es gibt inzwischen ein T-Shirt mit dieser Stickerei, und das ging sehr gut weg. Also, ich sticke Schimpfwörter, verziere sie mit Blumen und schöner Folklore, das mache ich gerne. Ich sticke über meine Gesundheit, sticke zum Beispiel oft die Silhouette meines Körpers und dann was darin passiert. Also dieses Subversive gegen Ungerechtigkeit, gegen meinen Körper.

Und ich versuche in alledem, auch die Schönheit zu finden. Die Tatsache, dass in allem, auch im Sich-ungerecht-behandelt-Fühlen, in der Wut, im Widerstand so viel Schönheit steckt, ist etwas, das mir Kraft gibt. Es gibt mir Kraft zu kämpfen.

wbg: Bleiben wir bei der Kunst. Da geht es ja auch wieder nicht nur um die Form, sondern auch um die Botschaft.

MW: Jein. Auch. Manchmal geht es auch einfach nur um die Form.

Ich habe das zum Beispiel erlebt auf dem Maidan, wo die Barrikaden gebrannt haben, und die Spezialeinheit Berkut stand bedrohlich da die ganze Nacht, und man wusste nicht: Wann wird die vormarschieren? Und dann hat sich einfach ein Typ hingesetzt und mit der Gitarre ein altes Lied gespielt. Es war gar nichts Politisches inhaltlich, es war einfach nur schön, es war einfach nur schöne Poesie. Der Akt war in sich politisch, aber inhaltlich war es apolitisch, das heißt Kunst an sich. Es war eine Erinnerung daran: Du bist ein Mensch, du hast ein ästhetisches Empfinden, du hast eine Würde. Die Ästhetik ist letztlich etwas, was uns Würde gibt, finde ich.

Ästhetik ist nichts Überlebensnotwendiges. Wir brauchen keine Ästhetik, aber wir haben sie. Und die Tatsache, etwas nicht zu brauchen, aber es zu haben und uns und andere damit erfreuen zu können, ist etwas, das uns erhebt über das animalische »Ich muss überleben«. Es gibt uns Würde und Schönheit zu leben in Zeiten, in denen wir ansonsten nur das Überleben hätten. Ästhetik hilft uns, würdevoller durch diese Zeiten zu kommen, für mich zumindest ist das so. Deswegen versuche ich auch, alles um meine Krankheit herum schön zu machen.

FM: Ästhetik ist einfach ein Wert an sich. Es ist etwas, was ich nicht verdient habe, aber es ist etwas, dem ich nachstreben kann.

MW: Und was noch: Menschlichkeit! Ich glaube, eines von Putins Zielen neben der Zerstörung der Ukraine als Kultur, als demokratisches Land, als demokratisches Vorbild für sein eigenes Volk, ist die Zerstörung der Menschlichkeit. Wir haben in den ersten Kriegswochen diese vielen Videos gesehen: Der Ukrainer, der auf der Landstraße einer liegen gebliebenen Panzer-Kolonne von Russen begegnet und scherzhaft anbietet, sie nach Moskau abzuschleppen. Und die lachen. Oder die Frau, die zu einem Soldaten hingeht und sagt: »Hier, steck dir Sonnenblumen in die Tasche, dann wachsen wenigstens Blumen, wenn du in unserem Land fällst.«

Auch die Art, wie mit den Kriegsgefangenen umgegangen wurde, die wurden ja am Anfang sehr gut behandelt und mit viel Mitgefühl. Auch meine Großtante zum Beispiel, die hatte super viel Mitgefühl, sie sagte: »Die Jungs kommen hierher, sie wissen überhaupt nicht, warum sie hier sind.« Das hat sich aber gewandelt im Laufe des Krieges, im Laufe der vielen Verbrechen, die passiert sind, nach Butscha usw.

Langsam fing es bei den Ukrainern an: »So, mir ist scheißegal, ob die für Putin sind oder gegen Putin, die sollen alle zur Hölle fahren.« So ein Auszehrungskrieg macht ja auch etwas mit der Menschlichkeit, mit dem Humor, mit der Kunst, mit der Art und Weise, wie man einander menschlich behandelt. Und ich glaube, ein Ziel ist tatsächlich, das in den Ukrainern zu vernichten, denn davon hängt Demokratie auch ab.

***

wbg: Warum studieren Menschen Psychologie oder interessieren sich dafür?

FM: Ich habe mich ja lange Zeit in der Psychotherapie realisieren können. Ich habe auf der Kinderkrebsstation gearbeitet, mit Kindern, Eltern, Ärz-

MEINE KOMISCHE KRANKHEIT

MARINA WEISBAND

Was hält und trägt uns in schwierigen Zeiten, wenn unser Lebensstandard sinkt, wenn Dinge objektiv schwieriger werden, als wir gewohnt waren? Ich kann kaum Predigten von der Kanzel halten. Ich weiß nur aus Erfahrung, dass es vieles gibt, was uns dann halten kann. Dabei bezog sich meine eigene Erfahrung schon immer in erster Linie auf meine körperliche Gesundheit. Ich kann sie teilen in der Hoffnung, in jemand anderem zumindest eine kleine Hoffnung zu inspirieren, ein Samenkorn von Kraft.

Ich war noch nie körperlich gesund. Vor zwei Jahren wurde ich mit ME/CFS (Myalgische Enzephalomyelitis) diagnostiziert, einer Krankheit des Nervensystems, des Immunsystems und des Stoffwechsels. Meine Zellen stellen nicht ausreichend Energie her, wodurch ich mich seit zwei Jahren ständig so fühle, als hätte ich eine schwere Grippe. Die Krankheit hat mein halbes Leben getötet. Für Unternehmungen bin ich inzwischen auf den Rollstuhl angewiesen, oft bin ich zu schwach zum Reden, und mir bleiben kaum noch Freizeitaktivitäten.

Ich setze mich im Moment viel damit auseinander. Es ist eine Art Trauerarbeit, weil mein Körper nicht mehr funktioniert und ich praktisch wie ein Geist bin, in seinem Körper gefangen. Ich will gesünder werden und weiß gleichzeitig, dass dazu viel Schonung und Ruhe gehört. Dennoch will ich optimistisch sein.

Wie geht das? Ich gestalte alles um meine Krankheit herum nicht nur praktisch, sondern auch schön. Jedes Hilfsmittel, das ich benötige – den Rollstuhl, den Duschhocker, die Schlafmaske – dekoriere ich, besticke ich, mache ich ästhetisch ansprechend. Es soll nicht nach Krankheit aussehen. Es soll bunt sein und Blumen haben. Ich erfinde auch neue Dinge, die mir helfen. Lange, biegsame Strohhalme, mit denen ich im Liegen trinken kann. Intelligente Erinnerungen an meine Medikamente. Weil ich häufig spontan auf dem Boden liegen muss, aber nicht überall ein Kissen mitnehmen kann, habe ich mir eine Handtasche genäht, die gefüttert ist und als Kissen fungiert. Ich habe sie mit bunten Blumen bestickt. Jetzt kann ich mich überall hinlegen – aber stylisch! Plötzlich wirkt das Liegen auf dem Fußboden eines Kongresszentrums nicht mehr hilflos und verloren. Es ist eingeplant, es ist gestaltet, von mir. Das gibt mir Macht. Ich habe all meine Kreativität und Intelligenz investiert, um mir rund ums Bett eine Infrastruktur zu bauen, die mir das Essen und Arbeiten aus dem Liegen erlaubt, ohne dass es chaotisch oder krankenhausartig aussieht. Von sattgrüner Tapete und Blumenvasen bis zu diversen Gelenkstativen und klappbaren Mechanismen. Das Ziel ist immer eins: Ich bin nicht Opfer meiner Umstände, sondern bin ihr Gestalter. Ich nehme, was ich habe, und mache daraus das Bestmögliche. Wenn ich morgen weniger habe, dann muss ich das Bestmögliche verändern.

Ich hoffe für mich und 300 000 weitere – teilweise viel schwerer – Betroffene in Deutschland, dass wir bald mehr Forschung, mehr Unterstützung und endlich eine Therapie erhalten. Aber bis dahin werde ich kämpfen. Leise. Liegend. Schreibend.

ten. Da habe ich Textarbeit gemacht, das war verbunden mit der Arbeit von Musik- und Maltherapeuten. Das waren tolle Momente, aber sehr anstrengend. Ich weiß noch, wie ich mich schon ein bisschen daran gewöhnt hatte, und dann waren Ferien. Nach den Ferien kam ich wieder zurück, und der erste Tag war so schockierend, dass ich einen Fahrradunfall hatte. Es war so eine wahnsinnig anspannende Geschichte, mit diesen Schicksalen fertigzuwerden und mich wieder daran zu gewöhnen. Und nach einem weiteren Jahr bin ich dann auch rausgegangen.

Den Schatz, den ich gelernt habe in der Psychologie und gerade in der Psychotherapie, den trage ich noch gerne mit mir und wende ihn an, beispielsweise in meinen Büchern, aber ich fühle mich nicht als Psychologe und auch nicht als Theologe, sondern mehr als allgemein Intellektueller, dem die Demokratie sehr am Herzen liegt.

MW: Ich bin auch eher jemand, der in die Breite lernt, als in die Tiefe. Ich habe Psychologie gelernt, weil ich unglaublich gerne lerne und Dinge verstehe, und meine Lieblingssache auf der Welt sind Menschen. Ich liebe Menschen, ich mache Kunst herum um Menschen, ich male Menschen, sticke Menschen, zeichne Menschen. Ich möchte Menschen verstehen.

FM: Bei mir war es bei dem Durcheinander, in dem ich aufgewachsen bin, ein Stück weit ein Mittel, um mich selber zu finden. Und das habe ich auch gemerkt, weil ich in den Anfängen oft in der Psychotherapie versagt habe, weil ich zu sehr von mir selbst ausgegangen bin. Das kann gefährlich werden, der Versuch, irgendwo zu helfen, aber dann zu scheitern, weil man zu sehr sich und seine eigenen Probleme sieht.

Das ist eine ganz, ganz große Gefahr in der Psychologie.

ZUKUNFTSMUSIK – WIE KÖNNTE DIE GESELLSCHAFT AUSSEHEN?

Krise und Chancen des Digitalen | »Demokratie beginnt im Kleinen« | Schulprojekt aula | Weltkloster | Spiritualität | Demokratie ist nicht, Demokratie wird

AUF DEM WEG ZU MEHR BÜRGERBETEILIGUNG

FRIDO MANN

Enttäuscht von den zunehmenden Verwahrlosungstendenzen der US-amerikanischen Demokratie, blieb ich nach meiner Übersiedlung 1949 von den USA nach Europa lange Jahrzehnte ratlos auf der Suche nach einer wirklich attraktiven und lebensfähigen Form einer freiheitlich-demokratischen Grundordnung. Die noch jungen parlamentarischen Demokratien auf dem westeuropäischen Festland mussten sich beim Wiederaufbau nach der Katastrophe des Zweiten Weltkrieges und angesichts ihrer ständigen Konfrontationen mit den kommunistischen Diktaturen in Osteuropa erst nach und nach finden und festigen. Die direkte Demokratie wie in der Schweiz mit ihren Möglichkeiten der direkten Volksabstimmung erschien mir nur in kleinen, überschaubaren Staaten realisierbar. Die dann 1990 überraschend erfolgende flächendeckende Befreiung und Demokratisierung der osteuropäischen Staaten feierte auch ich als einen riesigen politischen Erfolg, und die Früchte dieser in Europa zum ersten Mal gewaltfreien Revolution blieben auch eine ganze Reihe von Jahren haltbar.

Nach der Jahrtausendwende, als unsere Demokratien diesseits und jenseits des Atlantiks deutliche Krankheitsanzeichen zeigten und gegenüber feindselig-autokratischen Staatenblöcken zunehmend in die Defensive gerieten, machten sich Wissenschaftler, Intellektuelle und Bürger zunehmend Gedanken über diese besorgniserregende Situation, und es entstanden alternative oder zumindest differenzierende politische Konzepte und Ideen zur Verbesserung der Lage. Dabei gingen viele Stimmen und Empfehlungen in die Richtung einer *Verbindung zwischen repräsentativer bzw. parlamentarischer und direkter Demokratie.*

Der Ausbruch der Covid-19-Pandemie im Jahr 2020 sorgte wie von selbst für die Entwicklung einer Vorform dieser neuartigen Verbindung, allerdings einstweilen mehr im Sinne einer Expertokratie mit fachlich kompetenten Nichtpolitikern. Angesichts der Dringlichkeit wurden die laufend veränderten gesetzlichen Regelungen und Verordnungen zum Schutz der Bevölkerung nicht wie gewohnt im Elfenbeinturm von Parlament und Regierung beschlossen. Das Notprogramm folgte vielmehr wissenschaftlich fundierten Empfehlungen durch virologische, medizinische und ökonomische Experten, Institutionen, Forschungsinstitute und Akademien. Die Gesundheitsverordnungen mussten dem rapiden Verlauf der Pandemie ständig angepasst werden, und besonders während der Anfangsmonate wurden neue Daten und Erkenntnisse über tägliche Pressekonferenzen und Video-Podcasts der Öffentlichkeit vorgestellt.

Im öffentlichen Bewusstsein verankert sind mittlerweile nicht nur die grundsätzlichen Vorteile einer Zwischenschaltung von Beratungsgremien aus Fachexperten und/oder Bürgerkonventen aus allen Teilen der Gesellschaft zwischen Parlament und Bevölkerung je nach Beratungsbedarf und anstehenden politischen Entscheidungen. Darüber hinaus ermöglicht in unserem digitalen Zeitalter das Internet als Quelle von Information und Recherche die Weiterentwicklung in Richtung einer wirklichen Basisdemokratie durch die Einbeziehung der Bevölkerung und durch transparentere Kommunikation und schnellere Entscheidungen. Durch die digitale Brücke zwischen Parlament und Bevölkerung kann auch die Hinwendung politisch anfälliger Kreise zu autoritären Alternativen leichter verhindert oder zumindest abgeschwächt werden, und auch allzu engen und fragwürdigen Verbindungen von Parlament und bürgerfernen Interessengruppen kann mithilfe kritisch wachsamer und fachlich kompetenter und starker Bürgergruppen rascher und effektiver ein Riegel vorgeschoben werden.

Wie tragfähig eine solche Art von Basisdemokratie ist, muss sich im Einzelnen erweisen, in jedem Fall hat sie einen deutlichen Vorsprung gegenüber Autokratien. Denn da, wo mündige und engagierte Menschen frei und gemeinsam ihr Zusammenleben aufbauen, funktioniert auch das politische und ökonomische System ganz anders als in Staaten, in denen ideologische Verblendung, Unterdrückung, Lüge und Angst herrschen.

wbg: Wie lassen sich Menschen dazu motivieren, Verantwortung zu übernehmen?

MW: Das ist für mich ein sehr, sehr interessanter Moment, wann und wie man sich politisiert und wann und wie man Verantwortung für die eigene Gesellschaft annimmt. Bei mir war es, wie gesagt, diese erste Wahl, als ich gemerkt habe: Die Deutschen lassen mich ins Land und hinterfragen nicht die Motive und nicht meine Vorkenntnisse, sie lassen mich einfach ihr Parlament mit zusammenstellen. Krass! Das ist ein Vertrauen in mich, dem ich gerecht werden muss.

Und ich bin am selben Tag in eine Partei eingetreten, obwohl ich vorher absolut apolitisch war. Und ich wusste auch wenig über die Partei, aber zwei Jahre später bin ich dann ihre Bundesgeschäftsführerin geworden. Das war der Moment meiner Politisierung.

FM: Das war eine ganz junge Partei, die Piraten. Hatte Ihre Politisierung also auch schon etwas mit dem Thema Digitalität zu tun?

MW: Ja. Ich glaube, ich habe damals vieles nicht so richtig verstanden. Ich war ja der Nerd. Ich wurde zwar in Deutschland sehr gut aufgenommen, aber ich hatte in der Schule, gelinde gesagt, einen schweren Stand. Das hatte nur bedingt etwas mit meiner Immigration zu, aber indirekt schon. Nicht »Haha, das ist die Ausländerin«, sondern ich hatte einfach seltsame Werte und Normen. Denn zu Hause waren es die einen, und in der Schule waren es die anderen. Ich hatte seltsame Kleidung, ich hatte alles secondhand. Ich war also immer komisch gekleidet, ich war armutsbetroffen, all die Sachen, die einen zum Mobbingopfer machen können.

Aber ich hatte einen Internetanschluss, seit ich zwölf war, und ich hatte im Internet mein erstes Zuhause gefunden, also den ersten Ort, von dem ich gesagt hätte: Das ist mein Zuhause. Das war ein Chatroom, das war also gar kein physischer Ort. Es war kein Land, sondern es war ein Raum, in dem Leute nicht wussten, wie alt ich bin. Im Zweifel wussten sie auch nicht, welches Geschlecht ich habe. Ich war einfach ich, und ich konnte mich mit anderen Menschen unterhalten, die meine Interessen geteilt haben. Das waren damals japanische Zeichentrickfilme, Theologie und bald auch Programmieren.

Ich habe dann Programmieren gelernt, mit 13, 14, 15, und habe gemeinsam mit anderen Leuten Bots geschrieben, ich habe Websites gemacht. Da konnte ich mich mit teilweise erwachsenen Männern unterhalten, und niemand hatte irgendwie Vorbehalte wegen Altersunterschieden oder Geschlechtsunterschieden, sondern es ging nur ums Menschsein. Ja, man war einfach Mensch, was zählte, das waren die Interessen und der Austausch. Wir haben damals einen sehr warmen Chatroom etabliert, der sich über viele Jahre als Gemeinschaft gehalten hat. Ich kam von der Schule, ich wählte mich ein – meine Eltern waren angepisst, weil das Telefon die ganze Zeit besetzt war, aber ich war in meinem Wohnzimmer, und dort waren meine Freunde, und wir haben einander einfach nur erzählt, wie unser Tag war, was wir heute gemacht haben, wovor wir Angst haben, wie es uns gesundheitlich geht. Und wir haben über die Dinge gesprochen, die uns interessiert haben.

FM: War das Internet damals harmloser als heute für so junge Menschen, oder haben Sie einfach Glück gehabt mit diesem Raum? Oder wird das Internet vielleicht heute zu sehr verteufelt?

MW: Ja, es wird heute verteufelt, das vorneweg.

Aber das Internet war damals weniger kapitalistisch, war damals gemeinwohlorientierter insofern, als dass einfach irgendwelche Leute irgendwas gemacht haben, meistens in ihrer Freizeit, und andere Leute haben das in ihrer Freizeit genutzt. Es waren also noch nicht die großen, quasi monopolistischen Unternehmen, die mit reinem Gewinninteresse an die Sache herangehen. Es gab auch keine Algorithmen, die zum Beispiel die reißerischen Inhalte gepusht hätten, um damit Geld zu verdienen, sondern das, was die User einbrachten, kam auch wieder raus.

Das Internet war damals kommunistisch. Die Plattformen gehörten letzten Endes den Benutzern. Denn was ist das Grundprinzip des Kommunismus? »Jeder nach seinen Fähigkeiten, jedem nach seinen Bedürfnissen.« Und genauso lief es. Die Leute haben das, was sie wussten, in die Wikipedia geschrieben, und jeder, der Infos brauchte, hat sie von Wikipedia bekommen. Leute haben irgendwas programmiert, irgendwas aufgesetzt, und jeder, der es brauchte, hat es genutzt. Das Internet war damals kommunistisch, und zwar unter technologischen Voraussetzungen, die das auch möglich machten. Der eigentliche Kommunismus ist nicht möglich, solange man kein Stück Brot kopieren kann. Aber alles Digitale kann man ja kopieren, das ist ja die Definition des Digitalen. Und deswegen hat er damals funktioniert. Eben solange, bis man die Serverkosten und den Strom bezahlen muss.

Und dann kam im Prinzip die Kommerzialisierung des Internets. Es wurde mainstreamig, aber das war später. Und ich habe diese frühe Phase noch mitbekommen. Das Internet war natürlich schon auf einem gewissen Stand, als ich 2000 reingekommen bin, aber die Alleinherrschaft der großen fünf Unternehmen kam erst danach.

FM: Kann man vielleicht sagen, dass es zwar schon eine bestimmte geschäftliche Nutzung gab, aber die war noch nicht auf Konsumenten ausgerichtet? Und dann gab es den Bereich der Pioniere und Nerds?

MW: Pioniere und Nerds, genau. Das war der Bereich, in dem ich mich bewegt habe. In den hintersten Reihen dessen, sozusagen. Ich war nie bei denen ganz vorne dabei. Aber da, wo komplett amateurhaft und aus eigenem Interesse heraus Dinge entstanden. Ich habe damals selbst ein Forum administriert und so meinen Freund kennengelernt. Wir haben dieses Forum zusammen administriert, und er hat mir seine Liebeserklärung im Quellcode hinterlassen. Er wohnte in Berlin, ich wohnte in Wuppertal, wir konnten uns nur in den Ferien sehen, aber im Netz konnten wir uns begegnen. Es war fantastisch: Das Internet war der erste Ort, wo ich auch Menschen gefunden habe, die mich als liebenswürdiges Wesen wahrgenommen haben, außerhalb meiner Familie. Menschen, die mir das Gefühl gegeben haben, ich bin etwas wert. Und deswegen war ich einfach schon immer ein Nerd.

wbg: Hat das vielleicht auch mit dem vielen Kranksein zu tun, das Sie schon in der Kindheit geplagt hat?

MW: Ja, das hat sicher auch mit dem Kranksein zu tun. Ich war als Kleinkind schon über lange Zeiträume bettlägerig. Und durch meine Krankheitsgeschichte bin ich sowieso sehr gewohnt, allein zu sein und mir Welten zu bauen, damals mit Büchern. Ich habe damals immer als Ophelia unterschrieben, nachdem meine Mutter mir Hamlet vorgelesen hat. Auf Russisch klingt das »Afelia«.

FM: Deswegen Ihr Twitter-Benutzername @Afelia?

MW: Ja, mein Twitter-Benutzername kommt daher. Ich habe damals Briefe so unterschrieben, weil ich einfach noch Rechtschreibschwäche hatte und dachte, der Name beginnt mit einem A. Ich habe Lesen und Schreiben gelernt mit vier, und seitdem war das sehr stark meine Welt.

Und ich war auch noch als Jugendliche in einer Existenzkrise, weil ich nicht gestorben war. Mir war zunächst vorhergesagt worden, dass ich das Jugendalter gar nicht erreichen würde. Ich war also in einer Existenzkrise, weil ich lebendig war, denn ich hatte mich gar nicht darauf eingestellt, dass ich so weit komme. Ich war eine Jugendliche mit sehr vielen psychischen und sehr vielen physischen Problemen, und das Internet war ganz sicher etwas, das mir den Zugang zur Welt eröffnet hat.

Ich hatte eine Austherapiert-Diagnose als Kind bekommen, und die hat sich dann nicht bewahrheitet. Deswegen ja auch mein Interesse an Theologie und so. Ich habe damals schon gesucht nach Sinnfragen. Das ist nichts, was man gut mit anderen 14-Jährigen ausmachen kann und kein Schulhofthema.

FM: Eher etwas für Selbsthilfegruppen?

MW: Ja, Selbsthilfegruppen. Aber als jemand, der in Armut in Wuppertal lebte und dessen Eltern kein Auto hatten, war mein Zugang zu physischen Infrastrukturen extrem eingeschränkt. Ich musste alleine, um in die Stadt zu kommen, 20 Minuten mit dem Bus fahren. Für mich war das Internet das Tor zur Welt und das Tor zum Leben. Deswegen habe ich diese positive Grundeinstellung dazu bekommen.

Und als die Piratenpartei auftauchte, habe ich diese neue Partei wahrgenommen als Nerd-Partei von Leuten, die im Internet rumhängen so wie ich. »Die sind wie ich«, war der Gedanke, als ich da eingetreten bin. Da waren noch keinerlei politische Überzeugungen, das spielte sich rein intuitiv ab.

Was ich intuitiv gespürt habe, das war: Wir sind mächtiger geworden. Wir haben ein neues Instrumentarium, eine neue Technologie. So wie damals die Druckerpresse erfunden wurde und erlaubt hat, Schriften zu kopieren, und damit eine kulturelle Entwicklung eingeleitet hat, die wir heute als die Aufklärung bezeichnen, haben wir mit dem Digitalen etwas Neues in der Hand. Das Digitale ist ja digital, weil es durch Zahlen ausgedrückt wird, also verlustfrei kopierbar ist. Das ist die wichtigste Eigenschaft des Digitalen: verlustfrei kopierbar, und zwar quasi zu Nullkosten.

Und durch die Nullkosten kann sich jeder von uns diese Kopiergeräte leisten. Jeder von uns hat im Prinzip eine Druckerpresse de luxe in der Hosentasche, eine, die in Farbe und mit Illustrationen und animiert und mit Sound Dinge kopiert. Damit trägt sie auch unsere Stimme und wir können unsere individuellen Erfahrungen mit der Welt teilen. Ich kann meine Erfahrungen einer chronisch Kranken und meine Erfahrungen einer Immigrantin teilen. Und plötzlich finde ich tausend andere Leute mit denselben Erfahrungen. Allein die Gruppe der chronisch Kranken in der eigenen Stadt zu finden, ist fast unmöglich, aber sie im Internet zu finden, ist ein Klacks. Ich schaue die ganze Zeit YouTube-Videos, wie andere Leute mit meiner Krankheit ME/CFS (Myalgische Enzephalomyelitis/Chronisches Fatigue-Syndrom) mit ihrem Alltag zurechtkommen, und ich finde darin nicht nur nützliche Tipps, sondern auch Gemeinschaft. Ich produziere auch selbst solche Videos.

Wir sind also eine technologische Umdrehung weiter als Menschheit. Wir haben neue Möglichkeiten, wir sind individuell potenziell mächtiger. Und das wird sich natürlich auf unsere kulturelle Entwicklung und dann auch auf unsere politische Entwicklung auswirken.

Als ich in die Piratenpartei eingetreten bin und mich ein bisschen mit dem Thema beschäftigt habe, habe ich gedacht: Jetzt, wo das Internet da ist, werden wir alle demokratischer. Das Internet damals begann, wenn ich reinging, mit einer leeren Website. Und der erste Schritt, den ich tat, musste ein gezielter sein. Es war eben nicht, wie wenn ich den Fernseher einschalte, wo sofort etwas kommt und ich passiv berieselt werde. Sondern wenn ich im Internet irgendwo hin wollte, musste ich mir bewusst aussuchen, wohin. Das heißt, der erste Schritt, den ich hinein mache, ist ein aktiver Schritt.

FM: Das war die leere Seite damals. Heute aber ist die erste Seite voll von Werbung.
MW: Richtig. Da musste ich einen Lernprozess durchmachen. Ich war sehr naiv 2009, das will ich nicht beschönigen. Ich habe gedacht, das Internet macht uns alle demokratischer, zu besseren Menschen, zu einfühlsamen Menschen, wir verstehen einander besser. Das war aber nicht so.

Und dann als junge jüdische linke Frau auf Twitter habe ich gedacht: Puh, war das mit dem Internet vielleicht ein Fehler? Wir haben Hate Speech, wir haben Fake News, wir haben eine komplette Konsumhaltung. Alles im Smartphone versucht eigentlich, entweder mir was zu verkaufen oder meine Aufmerksamkeit an etwas zu verkaufen – gar nicht mehr schön und vielversprechend, keine Utopie mehr, sondern ein dystopisches Bild.

Etwas, das ich inzwischen gelernt habe und was für mich ein ganz zentraler Schlüsselmoment war, ist ein Satz von Jöran Muuß-Merholz: »Digitalisierung ist der große Verstärker.« Das heißt: Digitalisierung ist weder per se demokratisch, noch ist sie per se antidemokratisch. Sie ist weder gut noch schlecht, sie macht die Gesellschaft weder besser noch schlechter.
FM: Sie ist wertfrei.
MW: Ja, sie ist wertfrei. Aber sie verstärkt die Tendenzen, die wir hineingeben, weil sie eine Art Megafon ist. Wenn ich gerne faul auf dem Sofa rumliege, kann ich mithilfe des Smartphones besser faul auf dem Sofa rumliegen. Wenn ich gerne politisch aktiv bin, kann ich mithilfe des Smartphones besser politisch aktiv sein. Wenn ich einen Überwachungskapitalismus installieren will, kann ich mithilfe des Internets viel leichter einen Überwachungskapitalismus installieren. Aber wenn ich eine solidarische, freie Gesellschaft haben will, kann ich mithilfe des Internets leichter eine freie, solidarische Gesellschaft bauen.

Und an der Stelle wurde in mir meine Lebensaufgabe geboren. Es geht um die Frage: Wie schaffen wir es, das, was wir in diesen Verstärker hineingeben, zu prägen? Wie bauen wir also eine solidarische Gesellschaft auf? Wie bauen wir gegenseitige Hilfe auf? Wie bauen wir Empathie und soziales Bewusstsein auf? Wie lernen wir, verantwortlich zu sein für unsere Gesellschaft? Wie begreifen wir uns nicht als Konsumenten, sondern als Gestalter? Das ist meine zentrale Lebensaufgabe.

Und als Zweites – deshalb war ich Co-Vorsitzende von D64 e. V., dem »Zentrum für Digitalen Fortschritt« – beschäftigt mich die Frage: Welche Werkzeuge sind dem dienlich? Welche Werkzeuge können wir nutzen, um diese Tendenzen zu verstärken? Und welche Werkzeuge sind schädlich – wie zum Beispiel anlasslose Massenüberwachung, die uns in eine bestimmte Rolle hineinbringt und das Internet zu bestimmten Zwecken nutzt? Wie viel Macht dürfen Plattformen im Privatbesitz haben, die Milliardären gehören, denen im Koks-Trip irgendwas einfallen kann, was sie machen?

Das ist, glaube ich, meine Lebensaufgabe. Sie dreht sich komplett um Selbstwirksamkeit von Menschen und darum, Menschen zu ermutigen – und zwar im Kleinen, im Lokalen, im Physischen, im Nicht-Digitalen notwendigerweise –, um die Potenziale unserer neuen Technologien zum Guten zu nutzen.

wbg: Da sind wir wieder bei dem Punkt, den ich vorhin ansprach mit dem Willy-Brandt-Zitat. »Mehr Demokratie wagen« zielte ja explizit darauf ab, zu mehr Mitverantwortung zu ermutigen. Es ging zum Teil um ganz andere Fragen als heute. Und es gab nach 68 dann auch von der konservativen Seite den Ruf nach mehr Ordnung, nach der Wiederherstellung von Ordnung. Deshalb hat Brandt das damals so explizit gegenübergestellt, dass wir nur so viel Ordnung haben können, wie wir Mitverantwortung ermöglichen. Sind wir da jetzt in einer neuen Phase, wo wir auf neue Weise Mitverantwortung ermöglichen müssen?

FM: In unseren Gesprächen ist für mich deutlich geworden: Demokratie ist Zukunft.

MW: Was heißt das genau?

FM: Das heißt, wenn wir in der Gegenwart ein demokratisches System haben, das wir kennen und auch verteidigen können, müssen wir auch wissen, dass das noch lange nicht das ist, was wir brauchen. Es liegt alles noch in der Zukunft. Das ist wie eine Asymptote: Wir nähern uns immer weiter an, aber je näher man kommt, desto mehr merkt man, dass es Unterschiede gibt und dass nicht alles identisch ist – und auch, was man noch nicht erreicht hat.

Ich denke, das ist es. Man muss sehen, was man erreicht hat, aber auch zugeben: Schön und gut, aber das und das fehlt noch, das müssen wir auch noch machen. Vielleicht nicht wir persönlich, vielleicht leben wir dann gar nicht mehr, das müssen vielleicht andere Generationen machen – aber ich finde es wichtig, dass wir diese Wahrnehmung haben. Und deshalb dieser Gedanke: Demokratie ist Zukunft.

wbg: Das ist ein schöner Satz, aber natürlich will und soll Demokratie auch immer Gegenwart sein und sich in der Gegenwart realisieren. Demokratie ist in jedem Fall ein ständiger Prozess und sollte ein ständiger Lernprozess sein. Es gibt beim Wort Demokratie die Gefahr, nur die Staatsform zu sehen und nicht an den ständigen Prozess zu denken. Deshalb möchte ich hier noch einmal den Begriff des »sozialen Bands« aufnehmen.

MW: Den finde ich großartig, ich finde, wir sollten das 18. Jahrhundert ausbeuten, da ist so viel, was wir ungenutzt liegen lassen. Auch da geht es um Nachhaltigkeit – um Nachhaltigkeit der Ideen. Man braucht gar nicht für alles einen neuen Begriff.

FM: Und einen solchen haben wir auch: die erweiterte Selbstwirksamkeit.

MW: Ja, und durch den neuen Fokus auf das grüne Band verbinden wir das soziale Band mit der Erkenntnis, dass wir auch integraler Bestandteil unserer Welt sind, in der wir leben.

wbg: Reden wir über digitale Bildung. Brauchen wir da einen System-Cut? Damit – so wie Sie es in ihrer Jugend auch erlebt haben – diejenigen, die jetzt jung ins Netz kommen, eben nicht als Konsumenten kommen, sondern wirklich als die Leute, die es selber gestalten und zu gestalten verstehen.

MW: Es gibt keine digitale Bildung, genauso wenig wie es Zeitungs-Bildung gibt. Das Digitale ist ein Medium, ein mächtiges Medium. Klar, es ermöglicht ganz viel. Aber es ist nur ein Medium.

Als Kind werde ich überall zum Konsumenten oder zu Gehorsam erzogen. Vormittags bekomme ich genau gesagt, wann ich wo zu sein habe: Du musst um 08:00 Uhr hier sitzen, dann machst du 45 Minuten Mathe, dann

WER VISIONEN HAT, BRAUCHT NICHT ZUM ARZT ZU GEHEN

FRIDO MANN

In meiner Kindheit in Zeiten politischer Hochspannung während des Krieges im US-amerikanischen Exil konnte ich nicht über einen Mangel an visionären Anstößen seitens meiner Familie für Menschlichkeit und Frieden klagen. Aber nach dem Krieg und nach unserer Übersiedlung nach Europa änderten sich die Verhältnisse auf beiden Kontinenten alle paar Jahre wieder so überraschend, dass ich mit meinen gesellschaftlich-politischen, kulturellen und ethisch-religiösen Visionen gar nicht richtig hinterherkam.

Immer wieder musste ich mir den Unterschied zwischen Visionen und Utopien vor Augen halten: Visionen kommen aus dem erlebten Inneren, entspringen in erster Linie intuitiv aus dem Vorbewusstsein oder Unterbewusstsein. Sie sind keine festen, scharf umrissenen und logisch stringenten Gewissheiten, sondern sind mehrdeutig, unsicher, mehr bildbesetzt und affektbetont, dafür aber mehr ganzheitlich, freier und kreativer umsetzbar. Und sie stellen oft Weichen für den weiteren Denkprozess. Utopien (wörtlich: »Nicht-Orte«) dagegen sind meistens kollektiv ideologisch vorgefertigte Wunschbilder, auf die der Einzelne wie auf ein Trittbrett aufspringen kann.

Im Lauf der Jahrzehnte nach dem Krieg kreisten meine politischen Visionen um Freiheit und Frieden, Liebe und Leben. Immer wieder wurden sie enttäuscht oder zerstört, wenn neue Kriege ausbrachen, Menschen und Völker unterdrückt und verfolgt wurden. Manchmal dagegen sah ich mich glücklich bestätigt und erleichtert, wenn Menschen und Völker auf der Seite von Freiheit und Humanität über die Knechtschaft und die Finsternis siegten wie etwa beim Mauerfall 1989, der die Demokratisierung von ganz Osteuropa möglich machte.

Heute hat sich die Lage wieder umgedreht: Menschen fürchten sich weltweit zunehmend vor Gewalt, Kriegen und Zerstörung sowie vor Armut, Hunger, Klimakatastrophen und tödlichen Pandemien. Unter diesen Bedingungen scheint es immer schwerer, Visionen aufrechtzuerhalten oder gar zu erneuern, obwohl wir andererseits wissen, dass wir langsam zugrunde gehen, wenn wir nicht mehr die Kraft aufbringen, wie Martin Luther King »I have a dream« zu rufen.

Wenn wir Visionen entwickeln wollen, müssen wir Hindernisse beseitigen. Der Hauptwidersacher von Mut machenden Visionen ist, auf den einfachsten Nenner gebracht, die Angst. Angst vor Ohnmacht gegenüber Gewalt und Ungerechtigkeit, vor Willkür, Hass und Repressionen, Angst davor, nicht mehr über sich selbst bestimmen zu können und die eigene Zukunft nicht mehr in der Hand zu haben.

Das beste Mittel gegen Angst und damit gegen die Blockade von Visionen ist meines Erachtens das immer wieder unterschätzte Wissen darüber, dass unsere Zukunft viel weniger voraussehbar ist, als wir dies befürchten. Sie ist nicht notwendigerweise das, was uns angstmachende Möchtegernwahrsager im Journalistengewand einzureden versuchen. Der größte Fehler ist, wie das Kaninchen vor der Schlange in einem Starrreflex vor der angeblichen Unausweichlichkeit unseres Schicksals zu verharren. Stattdessen sollten wir uns immer wieder neu bewusstmachen, über welche Schätze und Möglichkeiten besonders im Kleinen, Alltäglichen wir verfügen, um gegen kleinmütige Resignation und gegen die angeblichen Mauern der Zukunft anzukämpfen und den Weg zu neuen Visionen und Hoffnungen freizumachen.

Zum einen ist es in der heutigen, die Industriegesellschaft langsam ablösenden, zunehmend digital gesteuerten Informationsgesellschaft unerlässlich, sich ständig sowohl regional als auch global zu informieren. Durch permanente Aufklärung können wir beispielsweise den Populisten auf die Schliche kommen, die uns ihre rassistisch-nationalistischen Hass- und Abgrenzungsideologien und Verschwörungstheorien aufzuschwatzen versuchen. Dagegen können wir immun werden und müssen uns unsere Überzeugungen und Visionen nicht nehmen lassen. Ein noch weitergehendes Ziel als die rein rationale Aufklärung ist das der Bildung. Bildung ist mehr als Wissen, besonders, wenn man darunter auch Herzensbildung versteht. Diese speist sich aus unterschiedlichen Kulturtraditionen in Literatur, Musik und bildender Kunst sowie aus der Auseinandersetzung mit deren spirituell-ethischen und religiösen Wurzeln. Dies kann neue Sicherheiten verleihen und unseren Visionen neue Flügel für die Erneuerung und Vertiefung wachsen lassen.

Der gesellschaftliche Prozess einer Werte vermittelnden Aufklärung und Bildung kann nicht früh genug einsetzen. Diesbezügliche pädagogische Konzepte haben im Grundschulbereich, ansatzweise sogar in Kindertagesstätten in Deutschland und anderen europäischen Ländern ersten Eingang gefunden. Das herausragende aula-Programm, das in unserem Gespräch ja ausführlich gewürdigt wird, richtet sich in erster Linie an Schülerinnen und Schüler an weiterführenden Schulen.

Um die für unsere Zukunft zur Verfügung stehenden Möglichkeiten auszuschöpfen, ist es auch wichtig, dass sich ansonsten verloren und versprengt bleibende Einzelkämpfer zusammenschließen und sich gegenseitig Hilfe, Schutz und Stütze bieten. Dazu gehört auch das Lernen voneinander anhand nachahmenswerter Beispiele.

Ich denke dabei etwa an die in den USA trotz zunehmender Verwahrlosung der gesellschaftspolitischen Strukturen zu beobachtende Hilfsbereitschaft gegenüber Kranken und Obdachlosen in den Armenvierteln, wo Ärzte und Zahnärzte unentgeltlich ambulante Behandlung für Menschen ohne Krankenversicherung anbieten oder Handwerker »Tiny Houses« aus Holz errichten. Diese Aktionen beeindrucken nicht nur unter dem Aspekt der fürsorglichen Hilfeleistung in Fällen extremer Armut. Sie werfen auch die grundsätzliche Frage auf, ob sich unsere Gesellschaft nicht mit einem viel bescheideneren Lebensstandard begnügen sollte, im Vergleich zu unserer sowohl politisch als auch psychologisch bedenklich hohen Anspruchshaltung. Das enge Zusammenleben von Menschen unterschiedlichster

Schichtzugehörigkeit auf regionaler wie auch globaler Ebene und das riesige Gefälle zwischen Arm und Reich kann überkommene soziale Standards infrage stellen, dazu führen, sie radikal zu überdenken und neue Konzepte zu entwickeln. Dies dürfte für die Entwicklung unserer Demokratien eine dramatische Herausforderung werden.

Und dafür wiederum lohnt es sich, in der sozialen Breite für das demokratische Miteinander und gegen die lähmende Angst vor der Zukunft zu kämpfen. Daneben ist es aber auch vielversprechend, über Meditation und die aus der Schatzkammer ältester Kulturtraditionen stammende Kontemplation in die psychologischen Tiefenbereiche vorzudringen, in denen unsere Kräfte liegen, die nach Selbstbestimmung, Mündigkeit, Freiheit und Kreativität streben. Diese steuern unsere Willensentscheidungen und die Entwicklung unserer inneren Bilder und Visionen. Es ist der Bereich des nicht mehr rationalen Kalküls, sondern der des Inneren unseres Herzens, unserer Identität und unserer Werte und Überzeugungen, die uns auch im Schlaf, im Traum oder während künstlerischer Schöpfungsprozesse erscheinen können.

Je deutlicher wir – auch im Sinne der von den modernen Naturwissenschaften erkannten Macht des Möglichen – erfahren und erleben, dass die Zukunft, mehr als wir oft glauben, in unsere eigenen Hände gelegt ist, desto mutiger, freier und erfolgreicher können wir dafür kämpfen, dass das, wovor wir uns fürchten, nicht eintritt und stattdessen das, was wir vor unserem inneren Auge sehen, stärker in unsere Nähe rückt.

machst du 45 Minuten Deutsch, dann darfst du in die Pause, aber du darfst dich nur in diesem Bereich bewegen, und du darfst kein Smartphone haben, und dieses und jenes darfst du auch nicht. Du wirst danach benotet, wie gut du dir die Dinge auswendig gemerkt hast, und davon hängt die Zukunft ab. Und nachmittags komme ich nach Hause, und dann habe ich meine Werbespots die ganze Zeit, die mich zum Kaufen ermuntern. Wenn dann jemand versucht, mir beizubringen: »Aber wenn du ins Internet gehst, da musst du als Gestalter hingehen«, dann funktioniert das einfach nicht.

Entweder ich begreife mich als Gestalter meiner Gesellschaft und meines Lebens und des Lebens der Menschen um mich herum. Also, entweder begreife ich, dass ich Verantwortung für mich und andere trage. Oder ich trage null Verantwortung, muss hauptsächlich ausführen. Dann kann ich von denselben Leuten aber nicht erwarten, dass sie im Internet plötzlich mündig werden. Oder auch, dass sie als Erwachsene plötzlich mündig werden. Ich kann nicht, bis ich 18 bin, fragen, ob ich aufs Klo darf, und dann das Parlament wählen. Das ist ein zu großer Sprung.

FM: In den späten 1960er-Jahren habe ich in Holland Jugendliche in T-Shirts gesehen, auf denen stand: Consumo ergo sum.

MW: Das ist schon ein bisschen billig, so Konsumkritik zu üben. Aber es ist nicht ganz falsch. Wenn ich mir heute TikToks anschaue mit diesen ganzen Shein-Hauls, wo die Leute bei billigen Großketten von Fast Fashion riesige Pakete für 50 Euro oder so bestellen und dann die Sachen vor laufender Kamera anprobieren. Ich gucke, was mir steht und was nicht, und durch die Übersättigung sind diese Sachen dann nach drei Monaten schon wieder out, weil ich sie halt überall sehe in meinem Insta-Feed, in meinem TikTok. Da wird der Konsumerismus sehr hart gelegt, und gleichzeitig kommt er da an seine Grenzen, weil wir langsam merken: Oh, die Erde ist endlich, unendliches Wachstum kann es nicht geben.

Aber die Leute, die sich damit nicht auseinandersetzen wollen, haben im Moment eine riesige Spielwiese, die ihnen sagt: Konsumieren ist völlig genug. Seit den 1970ern war es in Deutschland auch so: Du bist eine Familie, wenn du eine Schrankwand hast. Heute bist du eine Familie, wenn du Ikea-

Möbel hast. Das ist etwas, das leider immer noch sehr stark unsere Identität bringt. Und das eigene Auto ist auch sehr identitätsstiftend.

***

MW: Wir kommen aus der Buchdruckkultur, unsere große letzte kulturelle Erfindung war der Buchdruck, und der hat später die Aufklärung nach sich gezogen. Und was bedeutet es, ein Buch zu machen? Man muss zuerst darüber nachdenken, dann muss man skizzieren, dann muss man das schreiben, dann muss man das umschreiben, dann muss man das ins Reine schreiben und dann durch drei Lektorate jagen, dann müssen die letzten Fehler raus. Dann kann man das publizieren, dann kopiert man das tausendfach durch diese Druckerpresse, und dann lesen das Leute und es ist in der Welt. Und das war's, an der Stelle ist es mit diesem konkreten Werk zu Ende. Das ist das, was ich an Büchern so hasse: Weil ich meine Fehler nicht mehr korrigieren kann, muss ich sie von Anfang an vermeiden, und meine Autorität besteht darin, dass ich über alles bestens Bescheid weiß, was in diesem Buch steht und dass ich darin Perfektion anstrebe.

Die Kultur der Digitalität unterscheidet sich davon radikal: Wenn ich einen Gedanken habe, ist mein erster Schritt, ihn zu twittern. Und dann kommt auf Twitter (oder neuerdings Mastodon) Widerspruch oder Ergänzung, Beispiele, Beweise, Gegenbeispiele. Und dann schärfe ich den Gedanken, dann fängt er an, sich zu entwickeln. Ich reagiere auf das, was ich bekomme, und dann poste ich meinen verbesserten Gedanken. Dann kommen darauf Reaktionen, dann mache ich daraus ein YouTube-Video, und dann kann ich daraus noch ein Buch schreiben (so ist mein letztes Buch entstanden), aber im Wesentlichen ist es ein Prozess des Hin und Her, und wir erstellen gemeinsam etwas.

Früher gingen Schüler in die Schule, um vom Lehrer Wissen zu bekommen. Die Schule hatte das Wissensmonopol. Der Lehrer hatte das Wissensmonopol, der ließ den Schülern die Gnade des Wissens anheimfallen und nahm seine Autorität daraus, dass er Dinge wusste, die Schüler nicht wussten.

Das ganze Modell des Nürnberger Trichters als Lernform, wo der Schüler mit Wissen angefüllt wird, ist zum Glück aus der Mode gekommen. Aber viele Lehrer, mit denen ich spreche, sagen: Im Prinzip schöpfe ich meine Autorität meiner Klasse gegenüber daraus, dass ich lehre und dass ich den Unterricht plane und vorbereite und dann muss ich auch Kontrolle über den Unterricht haben. Ich muss Kontrolle über meine Schulklasse haben, ich muss da Ruhe reinbringen, damit wir lernen können. Wenn ich solchen Lehrern sage: »Lass mal total viel Mitbeteiligung zu«, dann sagen sie mir – manchmal verklausuliert, und manchmal aber auch ganz offen: »Dann könnten die ja irgendwas beschließen, was ich nicht will oder was ich so nicht geplant habe oder womit ich nicht rechnen kann.« Und was dahintersteckt, ist die Angst um die eigene Autorität und Angst vor Kontrollverlust. Das kann ich absolut verstehen in einem stressigen Beruf wie dem Lehrerberuf.

Meine Aufgabe besteht dann darin, mit den Lehrern zu arbeiten an der Frage: Was ist eigentlich heutzutage Autorität, was ist Autorität in einer Kultur der Digitalität, in der die Schule nicht mehr das Wissensmonopol hat? Das Wissen ist ja in der Welt, die Schüler können sich alles ergoogeln. Die kommen in die Schule, um zu lernen, wie sie Wissen erwerben können. Also wie sie mit Nichtwissen umgehen.

Eine Lehrkraft, die dann vorne steht, kann plötzlich mit etwas Neuem konfrontiert sein. Zum Beispiel haben an einer Schule die Schüler per aula beschlossen, alle Lehrer müssen einmal im Monat einen Smartphone-Tag machen, also Unterricht mithilfe des Smartphones. Und ein Lehrer, der dann dasteht und sagt: »Ich habe aber keine Ahnung, wie ich Unterricht mithilfe des Smartphones machen kann«, der weiß erst mal etwas nicht, und im alten Modell der Buchdruckkultur wäre das ein Verlust von Autorität.

Aber in der Kultur der Digitalität besteht die Autorität des Lehrers dann darin zu zeigen: Hey, hier ist eine Situation, in der ich auf etwas nicht vorbereitet bin, wo ich mich mit etwas nicht auskenne, und jetzt zeige ich euch, wie ich damit umgehe, wie ich das notwendige Wissen erwerbe, wie ich Ressourcen anzapfe, von wem von euch ich mir zeigen lassen kann, was man alles machen kann mit so einem Smartphone. Wir entwickeln das jetzt gemeinsam: Hier und hier kann ich nachschauen. Diese Informationen erscheinen mir vertrauenswürdig, diese weniger.

Das heißt, ich habe hier automatisch meine Medienkompetenzen mit drin, ich habe hier automatisch meinen Umgang mit Unsicherheit. Deine Autorität, lieber Lehrer, besteht dann darin, dass du ein Vorbild bist, weil du deinen Schülern zeigst, wie man gesund und sinnvoll mit Nichtwissen und mit Unwägbarkeiten umgeht in einer Welt, die geprägt sein wird vom Nichtwissen.

FM: Ich möchte von der Sternstunde erzählen, die mich zu meiner Broschüre »Was ist Demokratie?« gebracht hat. Das war im Pestalozzi-Musikgymnasium in München. Wegen Corona war es schwierig, überhaupt eine Einladung zu bekommen, aber dann durfte ich eines Tages doch für 90 Minuten in eine Klasse von Schülern im Alter von 15, 16 Jahren.

Mein Konzept sah vor, die Frage »Was ist denn Demokratie?« gemeinsam mit den Schülern durchzudeklinieren und zu einem gemeinsamen Schluss zu kommen. Natürlich hoffte ich, dass wir zu einem ähnlichen Schluss kommen würden, wie ich ihn schon für mich gezogen hatte. Dabei war es mir aber wichtig, ihnen trotzdem nichts vorzugeben, sondern ein offenes Frage-Antwort-Gespräch zu führen: Wie seht ihr das, was glaubt ihr da? Und als wir am Ende der 90 Minuten zu der Frage kamen »Was ist denn nun Demokratie nach all dem, das wir erarbeitet haben?«, habe ich den letzten Satz ausgesprochen, der so auch in meiner Broschüre steht. Natürlich habe ich ihn ausgesprochen, aber er passte zu all dem, was sie gesagt hatten: Wir sind Demokratie, Punkt. Und daraus ist meine Broschüre zur Demokratie entstanden, und das war eine sehr wichtige Erfahrung für mich.

Wahrscheinlich war es mein Glück, dass ich da aufgehört habe, nach nur einer Schulstunde. Ein Lehrer, der dabeisaß, hat am Schluss zu mir gesagt: »Das ist jetzt aber sehr weit gegangen, wie die sich beteiligen durften.« Der Schulleiter hat ähnlich reagiert. Die Schule hat sich offiziell bei mir bedankt, und danach habe ich nichts mehr von ihnen gehört.

Das ist ein wichtiger Punkt: Man muss vorsichtig ansetzen, man kann irgendwo etwas Kleines bewirken, indem man gegensteuert gegen diese Abhängigkeit von alten Strukturen. Aber man muss wissen: Wie langsam muss man das machen? Wo muss man Zäsuren setzen? Wo kann man dann wieder anfangen?

Ein paar Monate später hat mich die Friedrich-Naumann-Stiftung für die Freiheit eingeladen, um in drei Schulen über das Thema Demokratie zu diskutieren. Da wurde ich jedes Mal von einem sehr guten Journalisten befragt und konnte 90 Minuten lang einfach so aus dem Stegreif erzählen. Die Schüler sind voll mitgegangen, aber ich wusste genau: Das ist ein einmaliger Besuch, und dann sind die Lehrer und die Schulleitung auch froh, dass sie mich wieder los sind. Das sind meine Erfahrungen.

***

FM: Mir scheint, dass unsere Gesellschaft generationell ein bisschen auseinanderfällt in einen stärker und einen weniger digitalisierten Raum. Da gibt es einen Graben. Und wenn Großeltern mit ihren Enkelkindern kommunizieren wollen, ist es meist leichter, sich dann doch zu digitalisieren, als die Kinder zum Briefeschreiben zu bringen.

MW: Meiner Meinung nach wird der Graben immer kleiner. Ich glaube, das ist eine Sache, die sich von alleine erledigt.

Zum Beispiel meine Oma, die hat sich einen Internetanschluss besorgt, einen Rechner gekauft, Twitter installiert und alle meine Tweets gelesen. Und zwar hat sie alle ins Russische übersetzt, weil sie kein Deutsch sprach. Hinterher wusste sie auf meiner Hochzeit, wer meine Freunde waren, mit wem die zusammen waren, wer getrennt war … Ich wusste das alles gar nicht.

Warum hat sie das getan? Weil ich sie selten angerufen habe. Sie ist nicht besonders digitalaffin, sie ist auch nicht besonders fortschrittlich oder sonst was. Sie hat sich diese Kompetenz geschaffen, weil sie eine Motivation hatte. Wenn ich eine Motivation habe, dann ist es leicht. So sind auch während Corona noch mal viele Leute ins Digitale gekommen.

Ich glaube, das Wichtigste ist die Schaffung hybrider Orte, wo Generationen zusammenkommen können. Wir haben die Mehrgenerationenhäuser, das ist super. Ich würde auch Innenstädte anders gestalten. Ich habe mal die Utopie der Volkshochkneipe skizziert. Man muss sich vorstellen, mitten in der Innenstadt, da wo sonst der Karstadt ist, ist ein Café, das angeschlossen ist an die öffentliche Bibliothek und die örtliche Volkshochschule. Das heißt, ich kann dorthin gehen, es ist ein ganz, ganz offener Raum. Ich finde mich eigentlich schon darin wieder, es gibt keine Schwelle, die ich überschreiten muss.

Ich finde mich darin wieder, wenn ich einfach mal über den Platz spaziere, und dort gibt es die Möglichkeit, einfach nur rumzusitzen und zu quatschen. Dort gibt es multimediale Möglichkeiten, sich fortzubilden. Dort sind Bücher, Computer, dort gibt es Dinge, mit denen ich produzieren kann. Ein kleines YouTube-Studio, 3-D-Drucker, eine Werkbank, eine Nähmaschine und alles, was ich so nicht zu Hause haben kann. Dort sind direkt pädagogische Kursangebote, und dort kann man zusammenkommen und verschiedene Dinge machen. Und einen Drink nehmen.

Dort ist auch der Ort, wo Menschen sich über Politik unterhalten können, die sonst nicht zusammenkommen. Dort ist natürlich auch der Ort, wo zum Beispiel Jugendliche Älteren beibringen könnten, wie sie ihr Tablet aufsetzen, um mit ihren Enkelkindern zu skypen. Und wo Ältere Jüngeren Stricken beibringen, was wieder total en vogue ist und was übrigens die gleichen Gehirnstrukturen fördert wie Programmieren, weil Strickmuster Algorithmen sind. Also, es gibt dort so viel, was man voneinander auf Augenhöhe lernen kann.

Als ich mein Praktikum gemacht habe im Psychologie-Studium, habe ich im Wuppertaler Elternverein gearbeitet. Da haben migrantische, meistens russischsprachige Eltern Kindern Nachhilfe in Physik und Mathematik gegeben, und die Kinder haben ihnen Deutsch beigebracht. Also diese Augenhöhe herrschte.

FM: Das Tandem-Modell.

MW: Ja, immer Tandem, immer her damit. Augenhöhe! Es ist super, wenn

Autorität wegfällt. Das ist gut, denn wir sind alle eine so wertvolle Ressource. Meine fünfjährige Tochter ist eine super wertvolle Ressource für die Gesellschaft. Die Gedanken, die Ideen und die Einsichten, die sie hat, wie die Stadt besser werden könnte für Kinder, die kann ich als Erwachsene gar nicht haben.

Ich möchte ein etwas doofes Projekt erwähnen, also nicht doof, aber es wirkt so klein. Die Stadt hat hier in Münster Wasserkästen aufgestellt, an der Straße. Es sind einfach riesige Wassertanks, aus denen kann man Gießkannen befüllen, damit die Stadtbäume gegossen werden.

Und dann hat die Stadt erlaubt, also gar nichts dazu getan, einfach nur erlaubt, dass Leute diese Baumscheiben bepflanzen, also den ungepflasterten Bereich um einen Baum herum. Das haben wir gemacht, meine Tochter und ich, wir haben so eine Baumscheibe besetzt. Das ist jetzt unser kleiner Garten, da haben wir einen kleinen Weidenflechtzaun drumrum, und da setzen wir immer Blumen und gießen die. Und während wir da viel Zeit verbringen, kommen natürlich lauter Nachbarn an uns vorbei. Fragen: »Oh, was macht ihr denn da?«

Und dann erzählt meine Tochter denen ganz stolz: »Das haben wir hier gepflanzt«, und dann brachte ein Nachbar eine Chili vorbei, und dann haben andere da Blumenkästen hingesetzt. Und wir wissen jetzt voneinander die Namen. Wir verabreden uns zum abwechselnden Gießen, und plötzlich kenne ich die Namen meiner Nachbarn. Plötzlich habe ich statt einer blöden, kahlen Baumscheibe, wo immer Müll und Dreck lag, weil unten eine Kneipe ist, einen wunderschönen kleinen Garten.

Und meine Tochter läuft jeden Tag an diesem Garten vorbei, und jeden Tag, wenn sie ihn sieht, denkt sie: Das habe ich gemacht, das ist das Werk meiner Hände, wenn ich etwas in der Welt mache, verändert sich etwas. Das ist ihr Stück Straße jetzt, diese Straße gehört uns. Und da liegt kein Müll. Warum? Weil alle, die hier wohnen, das Ding mit pflegen.

Und es ist so einfach von der Stadt gewesen, die haben einfach nur Gießwasser zur Verfügung gestellt.

FM: Diese Form von Projekten, das ganz Kleine, das ist fast das Wichtigste.

MW: Oder während Corona, wo wir gesagt haben: »Oh, wir gucken mal, dass wir hier eine Plattform aufsetzen, welche Nachbarn Einkäufe brauchen, und koordinieren sie.« Die kleinste Einheit der Demokratie ist die direkte Hilfe zwischen zwei Menschen.
FM: Haben Sie da eine App benutzt, die schon da war, oder haben Sie selber was gemacht?
MW: Wir haben damals etwas programmiert. Es gibt ja eine App, es gibt nebenan.de. Da können ja Nachfrage und Angebote vernetzt werden, und hier im Viertel sind auch viele Menschen bei nebenan.de. Aber viele ältere Leute sind nicht online, haben keinen Account bei nebenan.de und haben oft auch kein Endgerät. Aber gerade die Älteren waren ja angewiesen.

Also haben wir uns zusammengetan mit Silbernetz, das ist eine Telefonnummer für Senioren gegen Einsamkeit, ansässig in Berlin. Die können dort anrufen und einfach quatschen. Und wir haben eine Hotline aufgesetzt mithilfe eines Telefon-Anbieters, und wir haben ein automatisches Ding gemacht. Wenn die Senioren dort sagen: »Ich bin soundso, wohne da und da und brauche Hilfe bei …«, wird das in Text übersetzt und auf diese Plattform gepostet.

So werden sie vernetzt mit den Hilfsangeboten. Sie können das per Telefon bedienen und bekommen aber Hilfe von jungen Leuten, die dort online alles einsehen können. Das lässt also den Generationengap überwinden, indem man den digitalen Graben zuschüttet.
FM: Wenn ich an Münster vor 50 Jahren zurückdenke, da gab es die Telefonseelsorge. Das ist natürlich kirchlich und war furchtbar steif im Vergleich zu dem heute Üblichen, aber das waren die Stellen, die man anrufen konnte. Wir mussten als Studenten da ein Praktikum machen, mussten solche Gespräche fingieren. Heute sind die auch anders, zwar immer noch kirchlich getragen, teilweise aber sehr gemischt bei den Leuten, die da mitarbeiten.
MW: Da geht es neben der klassischen Form des Telefonierens inzwischen auch mit Chat, und ich habe da auch schon Hilfe gesucht und gefunden.

***

MW: Marginalisierte Identitäten sind durch Social Media viel stärker sichtbar geworden, weil wir jetzt weniger Gatekeeper haben. Um etwas zu publizieren, bin ich nicht darauf angewiesen, dass ein Verleger meinen Leserbrief publiziert oder gar einen Gastartikel von mir, sondern ich kann etwas frei ins Internet schreiben. Und dadurch schreiben ganz, ganz viele Menschen über ihre Identitäten ins Internet. Seien es LGBT+-Leute, seien es nicht-weiße Menschen, seien es arme Menschen oder Juden, wer auch immer.

Das ist das, was die Rechte »Identitätspolitik« nennt. Also Politik, die Identität in den Mittelpunkt rückt. Es scheint so, als sei jetzt alles auf Identitäten zentriert, und als sei das etwas, das spaltet. Das ist ein Punkt, den ich häufig im Feuilleton lese. Als würden wir die Gesellschaft spalten, indem wir sagen: Ich bin nicht-weiß, ich bin jüdisch, ich bin lesbisch, ich bin sonst was. Aber in Wirklichkeit ist es einfach nur dieser reiche Schatz an Identitäten, die schon immer da waren. Die nur vorher weitestgehend unsichtbar waren und jetzt dabei sind, sich zu normalisieren. Der Grund, warum sie das nicht nebenbei und ganz selbstverständlich tun, ist, dass es lange Zeit verhindert wurde, dass sie selbstverständlich waren. In Wirklichkeit war vorher alle Politik Identitätspolitik für weiße Männer. Und jetzt öffnet sich das. Das heißt, das ist eigentlich eine urdemokratische Bewegung, und ich halte das, was man Identitätspolitik nennt, auch nicht für spalterisch. Es ist im Gegenteil eine Öffnung, es ist sehr demokratisch.

Das geht natürlich nicht ohne anfängliche Komplikationen. Betrachtet man Diskurse marginalisierter Menschen wie zum Beispiel LGBT+ oder chronisch Kranke, sind da ganz viele Menschen, die so verletzt wurden ihr ganzes Leben lang, die traumatisiert sind – und bei manchen Dingen reagieren wir über. Weil wir gelernt haben, dass wir nichts wert sind in der Gesellschaft, weil wir aktiv bedroht sind. Und manchmal lassen wir unseren Schmerz sogar aneinander aus. Das ist ein schmerzhafter Prozess. Aber trotzdem ist er notwendig, damit es anders werden kann. Je länger auch diese Gruppen eine öffentliche Stimme haben, desto stärker werden sie und desto fruchtbarer wird der Austausch.

Es stimmt, dass es bestimmte Bereiche im Internet gibt, wo sich Filterblasen bilden. Ich würde aber sagen, insgesamt, gesamtgesellschaftlich, baut das Internet tendenziell eher Filterblasen ab dadurch, dass plötzlich mehr Schichten miteinander in Austausch kommen, mehr Hintergründe miteinander in Austausch kommen, Menschen international stärker miteinander in Austausch kommen. Viele der Konflikte, die wir sehen, sind nicht Spaltung. Im Gegenteil, es sind vorher hermetisch getrennte Gruppen gewesen, die plötzlich miteinander in einen Austausch kommen. Eine kommunikative Reinigung.

Allerdings führen wir diesen Austausch auf gewinnorientierten Plattformen, die versuchen, das Radikalste zu pushen, um daraus Gewinn zu schlagen. Und das ist ein Riesenproblem.

Wir haben keine Agora. Wir haben keine demokratischen Orte, wir haben nur kommerzielle Orte. Unsere öffentlichen Räume sind Einkaufszentren, und wenn wir uns im Café treffen, ist das ein privater Betrieb, wo man erwartet, dass wir Kaffee erwerben. Das sind unsere Orte, an denen wir uns physisch austauschen, und im Internet gibt es inzwischen praktisch auch nur noch kommerzielle Orte, die entweder uns etwas verkaufen wollen oder – meistens – unsere Aufmerksamkeit an Werbetreibende verkaufen wollen.

Ich habe heute Nachmittag eine Diskussion mit dem Kopenhagen Democracy Summit, dort werde ich auf dem Podium zusammen mit einem Vertreter von Meta sitzen. Und die Frage wird sein: Was kann Facebook noch mehr tun, um demokratischen Diskurs zu fördern? Ich soll die dafür kritisieren, dass sie nicht genug tun, aber das werde ich nicht tun.

Warum werde ich das nicht tun? Weil es nicht ihre Aufgabe ist, demokratischen Diskurs zu fördern. Sie sind ein gewinnorientiertes Unternehmen. Als Gesellschaft sagen wir ihnen: Du musst Gewinn machen, sonst scheiterst du als Organisationsform. Also, um Gottes Willen, klar, die tragen Verantwortung, die haben sehr viel Macht, und natürlich müssen sie gewisse Dinge tun, aber in erster Linie halte ich es für falsch, dass sie diese Macht überhaupt haben. Warum erwarten wir von einem gewinnorientierten Unternehmen, dass es alles tut, um eine demokratische Plattform zu sein?

FM: Und warum darf ein gewinnorientiertes Unternehmen, ein Unternehmen überhaupt, mir meine Daten, ohne mich zu fragen und dafür zu bezahlen, wegnehmen?

MW: Das Thema ist komplex. Also, die Gesetzgebung ist da zum Glück schon sehr viel besser geworden. Inzwischen muss man fragen. Die Frage ist halt: Was bringt diese Frage? Letzten Endes ist die Frage ein Text, den ich überspringe, ohne ihn zu lesen, und ich klicke auf o. k. Ist das Zustimmung?

FM: Also wenn man das ernst meint mit der Demokratisierung bei Meta, dann müsste man sagen: Wir ändern unsere Form, wir sind kein gewinnorientiertes Unternehmen mehr, wir machen jetzt hier eine gemeinnützige Plattform.

MW: Aber warum sollten sie das tun? Das ist halt die Sache. Wir als Gesellschaft sagen: »Wir kümmern uns nicht um öffentliche Plattformen im Internet, macht ihr mal, gewinnorientierte Unternehmen.« Und dann sagen wir: »Hey, gewinnorientierte Unternehmen, ihr handelt ja nur gewinnorientiert und gar nicht in unserem Sinne.« – »Ja, stimmt, wir sind ja auch gewinnorientierte Unternehmen.«

Was wir machen müssten, wäre, selbst Plattformen zu bauen, die den Benutzern genossenschaftlich gehören. Eine digitale Allmende. Damit die Netzwerk-Effekte vermieden werden, dass zum Beispiel jetzt alle User auf Instagram und Twitter und TikTok sind, weil dort alle ihre Freunde sind, müssen diese großen Plattformen interoperabel sein mit anderen Plattformen. In dem Moment, wo das passiert, können wir anfangen, eine digitale Allmende aufzubauen, eine echte digitale Öffentlichkeit, die allen nutzt. Jeder bezahlt seinen Beitrag, dann gehört uns diese Plattform auch.

FM: Es gibt ja auch Unternehmen, die ein bisschen ein schlechtes Gewissen haben, dass sie zu gewinnorientiert sind. Sie meinen es eigentlich gut und würden gerne demokratisch denken. Firmen, die für ihre Mitarbeiter gute Arbeitsplätze schaffen, nicht nur, damit sie besser arbeiten, sondern weil sie auch irgendwo noch Ideale haben. Und sie sind so ein bisschen gespalten. Was macht man dann da, wenn sie sich zu der Gewinnorientierung hinzu auch demokratisch entwickeln wollen?

MW: Langfristig funktioniert das nicht. Erstens hat das Internet einen unglaublich hohen Monopolisierungsdruck. Eine Plattform, die groß genug ist, frisst andere Plattformen durch Netzwerk-Effekte. Ich möchte da sein, wo alle meine Freunde auch sind, da, wo ich meinen Account habe, mache ich all mein Zeug. Dadurch entstehen diese riesigen Quasi-Monopole, und wenn ich nicht alles gebe, um extrem kompetitiv zu sein, dann gehe ich unter gegenüber meiner Konkurrenz und werde geschluckt. Das heißt, wenn ich nicht alles investiere, möglichst groß zu werden – und das heißt Ausbeutung der eigenen Mitarbeiter und der eigenen Benutzer – dann gehe ich unter. So funktioniert das Internet im Moment.

FM: Der steigende Monopol-Kapitalismus. Das ist wie bei den Robber Barons, über die wir schon sprachen, wo man dann diese Anti-Trust-Gesetzgebung gemacht hat in den USA, weil es so schlimm war. Jetzt bräuchten wir eine neue Art von Anti-Trust.

MW: Es gab diese Erstkapitalanhäufung im Internet eben auch, das war die Dot.com-Blase, Anfang der 2000er. Da ging es an die Tröge im Internet.

FM: Amazon und so, die sind ja schon aus den 1990ern, sind dann auch an die Börse gegangen.

MW: Ja, genau. Ende der 90er, Anfang der 2000er war so die Zeit dafür. Und jetzt versuchen einige, mit dem Web 3.0 im Prinzip eine neue Erstkapitalanhäufung zu entwickeln. Die versuchen, den Kryptobereich zu einer neuen kapitalistischen Spielwiese zu machen, von Anfang an. Während die anderen noch so ein bisschen mit der Idee gestartet sind, »wir kümmern uns irgendwie ums Gemeinwohl«, ist es beim Web 3.0 sofort so gewesen: Es geht um Erstkapitalanhäufung.

Je früher du kommst, je früher du kaufst, desto günstiger kannst du Dinge kaufen, und desto reicher wirst du später. Jetzt gerade ist zum Beispiel ein wilder Immobilienmarkt im Metaverse. Auf einem virtuellen Space, von dem man noch nicht mal weiß, ob er eine Zukunft hat, werden also Grundstücke gekauft. Man hat sofort die kapitalistische Logik begrenzter Güter in einen virtuellen Raum adaptiert, der gar nicht begrenzt sein müsste, der alles sein könnte. Aber was macht man? Man macht eine Kopie des Immobilienmarkts, einfach, weil die großen Immobilien-Player bisher nicht drin sind und man selbst die Chance hat, einer der ersten zu sein. Erstkapitalanhäufung, ein wahnsinnig gefährliches Ding.

Diese Entwicklung sehen wir mit dem Web 3.0, und das wird eine der größeren Herausforderungen sein. Im Moment ist es so, dass sich viele Regierungen bequatschen lassen, diese Dinge zu fördern, weil wir als Staat es verpassen, intern in den Apparaten Kompetenz aufzubauen in digitalen Themen. Wir lagern alles aus an irgendwelche Buden, die wiederum gewinnorientiert sind.

FM: Ich versuche, mich in diese Mega-Kapitalisten hineinzuversetzen, die das Ganze dann beruflich lenken, Tag und Nacht, weil sie dafür leben. Hinterfragen diese Menschen dann vielleicht manchmal doch, was sie eigentlich tun, rein von ihren persönlichen und individuellen Werten aus? Und suchen sie nicht vielleicht nach einem Hintertürchen – vielleicht nicht im beruflichen Bereich, aber auf anderen Gebieten –, um ganz anders zu sein, weniger »schlecht«. Gibt es das?

MW: Das gibt es auf einer sehr oberflächlichen Ebene. Also, Jack Dorsey, der Gründer von Twitter, ist auf einem spirituellen Trip, läuft nur barfuß rum, meditiert mehrere Stunden am Tag, hält Hühner. Das ist im Silicon Valley überhaupt gang und gäbe.

FM: Das ist eine völlige Schizophrenie.

MW: Was man bei all der Spiritualität nicht vergessen darf, ist erstens: Gewinnorientierte Unternehmen unterliegen irgendwann einer eigenen Logik, die sich selbst treibt, also wo dann niemand mehr dahinterstehen muss. Da werden keine bewussten Entscheidungen mehr getroffen, sondern aus den Quartalszahlen ergibt sich, was man als Nächstes tut. Das heißt, moralische Fragen spielen in so einem Apparat dann irgendwann auch keine Rolle mehr. Das ist ja die Gefahr von Apparaten.

Und das andere ist: Diese Leute leben halt auch nur mit anderen Multimilliardären zusammen, und sie rechtfertigen sich die Situation irgendwie.

FM: Wenn man sich manche von denen, die jetzt auch in den Weltraum aufbrechen wollen zum Beispiel, anguckt, dann geht es extrem in eine antistaatliche, libertäre, mega-kapitalistische Richtung. Das sind ja teils auch

Staatsersatzfunktionen, etwa die eigene Währung. So etwas sollte nicht in der Hand von irgendwem liegen, sondern in eine Hand gelegt sein, die dem Gemeinwohl dient.

Es kann ja sein, dass die oberste Ebene der mega-kapitalistischen Firmen vielleicht sowieso verloren ist, aber denken wir mal an den mittleren Bereich. Als ich vor langer Zeit die Medizinpsychologie in Münster geleitet habe, hatte ich mit den Medizinstudenten so eine Seminargruppe, mit der ich Reisen gemacht habe in Kliniken, damit sie erleben, wie es dort zugeht. In den frühen vorklinischen Semestern habe ich sie mal in eine Reha-Klinik mitgenommen, um mit Ärzten und Patienten zu reden. Da waren sehr viele Manager, mit ihrem Stress und ihrer wahrscheinlich auch psychischen Überforderung, die einen Herzinfarkt bekommen hatten und sich nun wieder langsam regenerieren sollten. Und da hörte man in den Gruppengesprächen: »Also, seit mir das passiert ist, bin ich ein völlig anderer Mensch geworden, jetzt habe ich endlich mal erkannt, welche Werte eigentlich wichtig sind, die habe ich gar nicht mehr gesehen. Da hat sich etwas verändert, jetzt muss ich sehen, wie es weitergeht. Ich werde nicht mehr so nach Hause zurückkehren, wie ich hergekommen bin.«

Andere dagegen kamen zu spät in die Gruppe, in Trainingsanzügen, die hatten ein Waldtraining gemacht und sagten: »Das ist so gut gegen den Stress.« Die hatten sich eigentlich gar nicht verändert. Aber bei einigen kam es mir wie ein ehrliches Umdenken vor. Die meinten wirklich: »Ich muss eine Zäsur machen, ich muss mich verändern, sonst komme ich beim nächsten Herzinfarkt um.«

MW: Die Frage ist halt: Selbst, wenn sie sich völlig ehrlich verändert haben, was passiert dann mit ihnen, wenn die Quartalszahlen nicht stimmen und die Shareholder Fragen stellen?

wbg: Brauchen wir einen System-Cut?

***

MW: Meine Grundthese ist: Was im Kleinen entsteht, wird über die Jahre zu Geopolitik.

Menschen organisieren sich von unten herauf aufgrund dessen, wovon sie überzeugt sind. Wenn ich überzeugt bin, dass ich klein bin und Staub und unwürdig, dann gebe ich meine Macht ab an einen erhabenen Herrscher, an Gott oder an sonst wen. Und ich verbringe mein Leben in Knechtschaft. Wenn ich aber überzeugt bin, dass ich durchaus eine gewisse Expertise habe, und wenn ich auch die Expertise meiner Mitmenschen anerkenne, also die Autorität des Schusters über meine Stiefel, dann kann ich in einer demokratischen, selbstbestimmten Gesellschaft leben.

Wir sehen das am Maidan, wo Selbstorganisation und die Überwindung dieses Untertanendenkens zu einer Revolution geführt hat. Die zu einem Krieg geführt hat. Der zu einer Neustrukturierung Europas führen wird. Und das alles begann auf einem Platz.

Genauso haben wir die Macht. Wenn wir von unten herauf Menschen aufbauen, die selbstsicher sind, die gut zu anderen sind, die ein starkes soziales Band fühlen, dann werden sie nicht in einem System leben können, das dieses soziale Band verleugnet. Sie werden nicht in einem ausbeuterischen System leben können, sie werden nicht in einem autoritären System leben können. Sie werden keine Überwachung tolerieren. Weil sie wissen, dass Dinge anders sein können.

Deshalb fürchten autoritäre Regime seit jeher utopische Romane oder alle Kunst, die Menschen daran erinnert, was eigentlich urmenschlich ist. Diese Kunstwerke wurden verbannt. Weil sie so ansteckend sind, weil sie so eine autoritätszerstörerische Macht entwickeln.

Und wenn wir gemeinsam mit der Schulklasse beschließen, »Wir wollen, dass der Unterricht eine halbe Stunde später beginnt. Wir wollen eine Pflanze haben«, dann haben wir schon gelernt, wie wir uns selbst organisieren, und wir haben schon gelernt, wie wir unsere Wünsche formulieren, und wir haben schon gelernt, wie wir sie umsetzen. Dann kann es darum gehen, das Ganze auf kommunaler Ebene zu tun, dann auf Landesebene, dann auf Bundesebene. Letzten Endes, und das ist, wo wir hinkommen müssen, müssen wir uns auch als Menschen international verständigen können über unsere Wünsche.

FM: Es ist manchmal eine Frage ganz ursprünglicher, urtümlicher Notwendigkeiten und Bedürfnisse. Sie haben ja das Beispiel genannt, später mit der Schule anzufangen, besonders im Winter. Kinder haben ja ihren eigenen Rhythmus. Und wenn die Lehrenden bestimmen, morgens um acht ist Zeit, den Alltag anzufangen, dann sieht man Kinder, die schlaftrunken in die Schule gehen, und den halben Vormittag gar nichts schaffen. Kinder müssen mit der Hilfe von Erwachsenen die Orientierung an ihren Bedürfnissen vorantreiben. Sie müssen formulieren, was sie brauchen. Da ist das Vorgehen wichtig: der Dialog, das Miteinander-Austauschen. Den anderen ermutigen und sich zusammenschließen, und dann geht es.

Und dann kann man auch langsam im Globalen fortschreiten, auch hier erst mal über verschiedene Dimensionen von Hierarchien, von Gruppierungen, die dann immer größer werden, aber in vielen winzig kleinen Schritten. Das ist das einzig Mögliche.

MW: Dem Arabischen Frühling wird nachgesagt, eine der ersten Revolutionen zu sein, die auf Facebook entstanden sind. Das stimmt so nicht, der Arabische Frühling ist nicht auf Facebook entstanden. Aber klar ist: Facebook hat eine zentrale Rolle gespielt. Die Leute haben plötzlich gesehen, sie sind nicht die Einzigen, die so denken, und dann haben sie sich getraut, auf die Straße zu gehen. Also diese Erstüberwindung. Jeder hat privat irgendwas, was ihn stört, aber man sagt nichts, weil alle anderen machen es ja. Die Erstüberwindung wird erleichtert durch das Miteinander-Reden im Kleinen. Daraus gewinnt man Mut, sich zusammenzuschließen, und so eine Bewegung kann dann wie ein Schneeball Fahrt aufnehmen.

FM: Es ist auch sehr wichtig, dass man sich von Anfang an bewusst ist, dass es nicht immer gelingt im ersten Ansatz. Es kann immer auch schiefgehen. Man muss wissen: Das kann sein, man hat halt Widerstand. Und dann muss man den langen Atem haben zu sagen: Irgendwann versuche ich es wieder.

Dieser Arabische Frühling ist schiefgelaufen, aber das heißt doch nicht, dass das das Ende ist. Es wird eine Zeit kommen, wo man vielleicht wieder anfangen kann zu hoffen, dass wieder ganz im Kleinen etwas entsteht. Es hat sich auf jeden Fall gezeigt: Demokratie ist nicht nur eine Erfindung des Westens, die nicht in den Orient passt. Das ist überhaupt nicht so, sie ist weltweit von Bedeutung.

MW: Demokratie muss ja auch nicht ein Staatsgebilde nach westlichem Vorbild sein.

FM: Diese Bemerkung finde ich super wichtig. Dass die historische Geburtsstätte unserer neuzeitlichen Demokratien das puritanisch-kapitalistische England und dann die USA gewesen ist, hat zur verengten Auffassung verleitet, dass Demokratie und Freiheit grundsätzlich primär Sache eines westlich-kapitalistischen Wirtschaftssystems sind. Dass das ein Irrtum ist, hat sich vor allem nach dem Zweiten Weltkrieg gezeigt, als die demokratische Lebensform weit über das westeuropäische und später auch das osteuropäische Festland hinaus auf sämtliche Kontinente unserer Erde übergegriffen hat. Dabei haben sich in sehr unterschiedlichem Tempo unterschiedliche Schwerpunkte und Nuancen der Demokratie entwickelt. Die zunehmenden Protest- und todesmutigen Aufstandsbewegungen auch von Frauen und Kindern gegen menschenverachtende Unterdrückungsregime neuerdings besonders im asiatischen Bereich sprechen Bände und sind kaum mehr aufzuhalten. Sie zeigen, dass der Grundgedanke der Demokratie nicht in erster Linie an bestimmte ökonomische Systeme gebunden ist. Das Wesentliche ist und bleibt der Wille des Menschen zur Anerkennung der Grundrechte aller Menschen, der Anerkennung von Würde und Wert der menschlichen Persönlichkeit. Das wurde ansatzweise schon in der griechisch-römischen Antike erkannt, formuliert wurde diese neue Sicht vom Menschen dann im Zeitalter der Aufklärung und in der französischen Revolution. Und nach der Katastrophe der beiden Weltkriege im 20. Jahrhundert können wir dies sogar in der Präambel der Charta der Vereinten Nationen von 1945 nachlesen, wenn auch nicht wörtlich bezogen auf die Regierungsform der Demokratie. Und weil verschiedene Kulturen der Welt unterschiedliche Schwerpunkte und Facetten dieser menschlichen Grundforderungen vertreten, ist dies ein Garant für die Vielfalt demokratischer Lebensformen.

MW: Fast alle Landstriche der Welt hatten irgendwann selbstorganisierte kleine Menschengruppen. So haben wir gelernt, so ist unser Gehirn entwickelt, dass wir diese selbstorganisierten kleinen Menschengruppen gut verstehen und eigentlich auch solidarische Wesen sind, die sich um die Community kümmern. Dahin müssten wir wieder zurückkommen nach dem Versuch des Neoliberalismus, uns das alles abzutrainieren.
FM: England, die allerälteste Demokratie, hat keine schriftliche Verfassung. Die Amerikaner dagegen haben sie perfektionistisch gemacht, da steht allerdings auch viel Veraltetes drin.
MW: Wir können etwas machen, um dem Kleinen zu helfen zu bestehen. Wir können auch im Großen Dinge bewegen, die helfen, diese Strukturen wachsen zu lassen.

Wir können beispielsweise das Wahlalter absenken. Wir können ein Demokratiefördergesetz schaffen für die Möglichkeit, dass NGOs solche Dinge anbieten. Wir können Kommunen und Schulen besser mit Geld ausstatten. Da ist es wirklich eine Frage von Geld, weil es eine Frage von Personal ist, dass Schulen sich zum Beispiel multiprofessionelle Teams leisten können. Wie wir alle wissen, haben wir Lehrermangel, aber gleichzeitig müssen Lehrer in Deutschland auch irgendwie alles machen: Pädagogik, Didaktik, Verwaltung, teilweise Hausmeistertum, IT, Vertretungspläne … Warum? Warum haben wir zum Beispiel nicht mehr Schulpsychologen an Schulen?

Wir wissen, dass das alles förderlich wäre für eine Demokratie, wenn wir schon junge Menschen stärken in ihrem Wesen. Und das ist wirklich eine reine Ressourcenfrage. Wir pfeffern diese Ressourcen an anderer Stelle ja auch raus: Wir haben einen Tankrabatt, wir subventionieren den Kauf von Autos, wir subventionieren fossile Brennstoffe, wir subventionieren Banken. Es ist nicht so, dass wir es uns nicht leisten könnten. Das ist eine Frage unserer Prioritäten als demokratisch verfasste Gesellschaft.
FM: Es ist das schönste Symbol für das Kleine: das Begießen von kleinen Pflanzen, einer Baumscheibe. Das ist eigentlich der Anfang der Demokratie.

Und an bestimmten Punkten, wo man sagt, da möchten wir Mitbestimmung, dann müssen wir sie auch ernst nehmen und tatsächlich als solche gestalten.

MW: Demokratische Bildung darf kein Schönwetter-Ding sein. Demokratische Bildung ist etwas extrem Grundlegendes. Das meiste andere, was ich in der Schule lerne, kann ich mir anlesen, demokratische Bildung nicht.

FM: Dass wir da mehr Geld haben müssen, das unterschreibe ich sofort. Aber was machen wir, solange wir dazu nicht in der Lage sind? Im Moment sind wir ja nur über unsere Stimmen in der Lage, das vielleicht zu steuern. Manchmal müssen wir es vielleicht auch selbst in die Hand nehmen und dem Staat dann sagen: Du machst das nicht. Das war ja auch mein Punkt mit den USA, das Beispiel mit dem Gesundheitssystem, was für viele Leute überhaupt nicht zugänglich und erschwinglich ist.

MW: Wir müssen zweigleisig arbeiten. Das eine ist: Wie verfahre ich denn bisher, wo der Staat wirklich nur Mangel verwaltet in Sachen Erziehung und Bildung? Da machen wir einfach und schauen, wie wir das finanziert bekommen, und wir kämpfen jeden Tag darum. Wir gehen das selber an, und wir ermutigen jede Lehrerin, jeden Lehrer, obwohl sie so überlastet sind. Es gibt so viele, die noch diesen Extrameter gehen und in ihrer Freizeit Konzepte machen. Es gibt BarCamps, informelle Konferenzen, wo Lehrer sich gegenseitig bilden, wie man Demokratie-Bildung gut machen und wie man guten, agilen Unterricht planen kann. Das ist das eine.

Und das andere ist: Alle, auch die Leser dieses Buches, können etwas tun, um die Ressourcen anders zu verteilen. Sie können zum Beispiel ihren Abgeordneten schreiben. Was wir während Corona gesehen haben, ist: Massenbriefe funktionieren hervorragend bei Abgeordneten. Diese Corona-Verschwörungsbewegung hat das ja perfektioniert. Die hat wirklich Abgeordnete zugeschmissen mit Schreiben. Dadurch hatten die den Eindruck, die Mehrheit der Menschen will keine Masken. Was inhaltlich falsch war, aber dieser Eindruck entstand.

Das Gegenteil können natürlich auch Menschen machen, die demokratisch gesinnt sind. Einfach freundlich und höflich sagen: »Das ist ein Missstand, den ich wahrnehme. Wir geben an dieser Stelle so viel Geld aus, und an jener Stelle fehlt das Geld. Bitte machen Sie etwas dagegen!« Je mehr Menschen sich flächendeckend einsetzen, desto besser wird es. Denn unsere demokratische Pflicht geht ja deutlich darüber hinaus, alle vier Jahre wählen zu gehen. Ich glaube, das ist ein Missverständnis in Deutschland, dass das ausreichen würde, alle vier Jahre zu wählen.

***

FM: Nach der Bewilligung der 40 Milliarden im US-Kongress gab es einen Editorial Letter in der »New York Times« vom Editorial Board, in dem hieß es: »Ja, wir müssen die Ukraine weiter unterstützen, und wir tragen dieses Hilfspaket mit. Aber Achtung, wenn wir nicht aufpassen, wird die nächste Wahl verloren gehen, und Trump kommt wieder an die Macht.«

Ganz so explizit haben sie es nicht geschrieben, aber das war der Grundgedanke dieses Briefes, der sich sehr unterschieden hat von vielen der Offenen Briefe von Intellektuellen hierzulande. Da gab es keine Empfehlungen an die Ukraine, mit dem Aggressor zu verhandeln. Die Botschaft war: Wir dürfen die US-amerikanische Bevölkerung mit unserer Hilfe nicht so überfordern, dass wir am Ende dafür den Preis zahlen, Trump oder den Trumpisten zum Sieg zu verhelfen.

Das ist ein heikler Punkt, aber ich finde schon, dass man darüber offen und demokratisch sprechen muss.

MW: Ja, man muss demokratisch darüber sprechen. Aber ich halte genau diesen Ansatz für kontraproduktiv: zu sagen, wir müssen gucken, dass wir nicht zu weit gehen bei der Solidarität, damit wir die Zustimmung der Bevölkerung haben. So funktionieren Menschen nicht auf der psychologischen Ebene. Entweder ich bin davon überzeugt, dass etwas richtig ist, oder ich habe Zweifel.

Wenn man Kompromisse mit sich selbst schließt, verliert man. Das sehen wir bei der Ukrainehilfe und beim Klimaschutz. Wir sagen, wir müssen die Bevölkerung mitnehmen, und deswegen müssen wir die Maßnahmen abschwächen. Als ob die schwächeren Maßnahmen die Bevölkerung mehr mitnehmen würden. Das stimmt nicht! Wenn man nicht vermittelt, dass das Ziel wichtig ist, dann wird jedes Prozent der Maßnahmen der Bevölkerung gegen den Strich gehen.

Wenn ich überzeugt bin, dass etwas richtig ist, skizziere ich öffentlich mein Ziel und warum ich das Ziel wichtig finde und welcher Weg da hin führt und woher ich das weiß und woran man messen kann, ob der Weg wirklich da hin führt und was der nächste Schritt ist. Und dann gehe ich diesen Weg. Wenn ich mit mir selbst Kompromisse schließe, sage ich ja implizit, dass das Ziel gar nicht so wichtig oder richtig ist. Das untergräbt natürlich jegliche Unterstützung meines Wegs!

FM: Die Kernbotschaft dieses Briefes in der »New York Times« war aber etwas anders. Sie lautete: »Wir müssen jetzt dringend unsere Ziele definieren.«

MW: Ja, das stimmt, und das ist auch legitim. Da geht es um Klartext – Klartext, den ich mir auch von Scholz wünsche.

wbg: Aber dazu gehört doch auch, dass ich ehrlich bin und sage: »Vielleicht können wir damit den Wohlstand halten, vielleicht können wir damit auch die Zukunftsfähigkeit unserer Gesellschaft sichern, aber dieser Wohlstand, den wir im Moment haben, den kann man vielleicht gar nicht sichern, der steht auf tönernen Füßen.«

FM: Das betrifft den Komplex Zukunft. Und dazu gehört auch die Unvorhersehbarkeit von menschlichen Wahrnehmungen, Visionen, Wünschen und Fähigkeiten. Dazu habe ich zusammen mit meiner Frau ein Buch herausgegeben: »Im Lichte der Quanten«. Das hat mit der Natur des Menschen zu tun, dass da kaum etwas wirklich vorbestimmt ist.

Ich erinnere mich an eine Diskussion vor den amerikanischen Wahlen, da hatte es Vorträge in der Frankfurter Paulskirche gegeben und danach sind wir noch essen gegangen, da waren zwei Politologen dabei. Die beiden wussten ganz genau, warum Trump wiedergewählt werden würde, und haben uns das wortreich erklärt. Ich fand das furchtbar. Irgendwann wurde auch ich gefragt, wie ich das sehe. Ich habe gesagt: »Ich traue mich nicht, laut zu sagen, dass er verlieren wird, auch wenn ich davon überzeugt bin, dass er verlieren wird.« Man darf nicht einfach schon zu sehr im Voraus wissen, was kommt und was sein wird. Wir müssen immer bedenken, dass es so viele Dinge gibt von verschiedenen Seiten, die passieren können, so viele Dinge gibt, die wir einfach nicht kennen.

Ziele definieren ist natürlich etwas ganz anderes. Aber die Wege dahin sind dann manchmal eben auch ganz andere als vorhergesehen. Wir sind, kann man sagen, eben auch eine Summe von Möglichkeiten. Das ist auch wichtig, nicht immer nur Fakten.

MW: Gleichzeitig müssen wir trotzdem zumindest zu Heuristiken kommen, was wir zu erwarten haben, um uns handlungsfähig zu halten.

FM: Natürlich, aber das müssen wir hypothetisch sagen: »Das sehen wir jetzt so. Bis jetzt ist es die einzige Möglichkeit. Deswegen müssen wir das jetzt so machen, aber wir wissen nicht hundertprozentig, wie es dann letztendlich sein wird.«

MW: Ich finde tatsächlich, Robert Habeck kommuniziert das sehr gut. Das soll hier kein Werbeblock für Habeck werden, aber ich finde, er kommuniziert politisch sehr gut. Er sagt sehr genau, was er weiß, was er nicht weiß, was sein Ziel ist und was nach seinem Informationsstand der beste Weg ist, dieses Ziel zu erreichen.

wbg: Was Habeck tut, nehmen wir in Deutschland offensichtlich als völlig neue Form der politischen Kommunikation wahr: Ein Politiker redet mit uns so, wie ein Erwachsener, der mit einem Kind wie mit einem Erwachsenen spricht. Und als jemand, der etwas wirklich und ehrlich erklären will.

MW: Das ist doch eigentlich absolut schockierend, dass das so neu für uns ist. Übrigens war das auch nach dem Maidan so. Da war ja Petro Poroschenko Präsident, und er wurde sehr dafür gemocht, dass er der erste ukrainische Präsident war, der sich hingestellt und den Leuten Dinge erklärt hat. Ich finde das eigentlich schockierend, dass es nicht unglaublich weit verbreitet ist, angesichts dessen, wie beliebt es einen offensichtlich macht.

FM: Der baden-württembergische Ministerpräsident Kretschmann ist auch so einer. Der erklärt uns seine Politik wie einem Kind, redundant und ganz einfach.

MW: Ich weiß nicht, ob »wie einem Kind« hier mein schlagendes Argument wäre. Ich bin eigentlich eher Fan davon, Menschen wie Erwachsene zu behandeln.

FM: Ja natürlich! Er meint auch gar nicht das Kind. Aber die Sprache ist eben so klar und einfach.

MW: Er erklärt es, das ist der springende Punkt.

Wenn man einfache Sprache benutzt, verstehen es meistens auch Erwachsene. Das ist die Erfahrung, die ich gemacht habe. Zwanzig Prozent von dem, was man sagt, kommt irgendwo an, bestenfalls – aber man muss sich um einfache und inklusive Sprache bemühen, wenig voraussetzungsreich sprechen.

Ich finde zum Beispiel, in Talkshows spricht man oft sehr voraussetzungsreich, man bezieht sich zum Beispiel auf irgendwelche Namen, die Jugendliche noch nie gehört haben. So möchte ich nicht sprechen oder schreiben, sondern ich versuche, die Prinzipien zu erklären und mich nicht auf historische Beispiele zu beziehen. Für viele wirkt das dann ungebildet.

wbg: Aber die Beispiele kann man doch auch erklären, auch da kommt es darauf an, wie man das macht.

Aber zurück zur politischen Kommunikation. Die Frage ist doch: Ist es eine Einbahnstraße von oben nach unten oder ein ernst gemeintes Dialogangebot (obwohl meistens unter Bedingungen, in denen dann normalerweise nicht eine Situation für einen direkten Dialog gegeben ist)?

FM: Was die Kommunikation betrifft, ist es gerade für die Selbstwirksamkeit sehr wichtig, dass Visionen entwickelt werden. Wir überschätzen, wie sehr das klare digitale Bewusstsein eine Rolle spielt. Und wir unterschätzen sehr stark das Vorbewusste, die Fantasie, die Kreativität, das Sich-Hineinversetzen in den anderen, das, was man eher durch Meditation erfassen kann. Das sind Dinge, die im Dialog eine große Rolle spielen.

Und das ist ein Punkt, der zu den Unwägbarkeiten hinzukommt: Dass kein Mensch wissen kann, was sich in ihm selbst noch entwickeln könnte.

MW: Ich glaube, das ist ein springender Punkt: Wenn Politiker sagen: »Wir müssen die Menschen mitnehmen«, dann meinen sie eines von zwei Dingen:

entweder den vermeintlichen Bedürfnissen der Menschen auf halbem Wege entgegenkommen – dann machen wir einen Tankrabatt; oder wir machen Corona-Maßnahmen, aber nur so halb. Oder aber, wir nehmen die Menschen mit, indem wir ihnen Ziele erklären, Visionen, Notwendigkeiten und logische Zusammenhänge erklären.

Und wir gucken: Was braucht ihr denn eigentlich? Man versucht zum Beispiel oft, Rassisten mitzunehmen, indem man ihre rassistischen Talking Points irgendwo in Talkshows mit setzt und sich damit auseinandersetzt. Und dann sagt man, man nimmt ja Menschen mit, die so denken. Die klügere Sache wäre meiner Meinung nach, mit den Menschen zu reden und einfach mal völlig ihren Rassismus zu ignorieren. Stattdessen sollten wir fragen: »Wie geht es dir denn? Was brauchst du? Was läuft denn gerade in deinem Leben?« Dann würde man eher Problemen wie Armut und Vereinsamung und Abstiegsängsten begegnen, mit denen sich die meisten Menschen wirklich herumschlagen.

Und ich glaube, erstens ist das die Stärke von direkter Hilfe. Direkte Hilfe beschäftigt sich nicht mit populistischem »Wir müssen irgendeiner Klientel-Gruppe X irgendwas geben«, sondern mit den direkten Bedürfnissen meiner Nachbarn: »Wie geht es euch? Was braucht ihr?«

Und das Zweite ist eben, politische Kommunikation so aufzubauen, dass man den Menschen nicht einfach das gibt, was sie vermeintlich brauchen. Das lässt sie unzufrieden und lässt die Politik willkürlich und ziel- und hilflos scheinen und führt zu noch mehr Verunsicherung. Stattdessen sollten wir sagen: »Wir nehmen euch mit. Guckt mal, das ist unser Weg, das sind unsere Ziele. Ihr habt mich jetzt gewählt, und meine Vorstellungen über die Welt sind so.«

FM: Eine weitere Methode wäre das, was der Barenboim macht mit seinen israelischen und arabischen Musikern im West-Eastern Divan Orchestra: Sie an ein Pult setzen und die zwei miteinander spielen lassen. Morgens um 9 setzen sich ein Araber und ein Israeli zur Probe an ein gemeinsames Pult. Und beide haben Ängste. Sie müssen erst einmal mit dem a anfangen, also ihre Instrumente stimmen. Und dann den ganzen Tag Probe. Abends haben sie viel musiziert, dann sieht die Situation schon anders aus.

Das ist ein anderer Weg, nicht über Politik zu gehen, sondern über andere Dinge. So kommt man auch auf Interessen, Nöte, Ängste und so weiter, kann darüber reden und dann vielleicht merken, dass da Gemeinsamkeit entsteht. Da gab es einen Araber, der hatte als Neunjähriger angefangen und sagte ein paar Jahre später: »Ich war der Jüngste, und ich habe immer gedacht, das mit diesem Orchester geht doch gar nicht, denn die Juden sind ja keine Menschen, die sind Mörder und ich weiß nicht, was alles. Aber jetzt habe ich gemerkt, dass die auch Interessen haben und viele fantastische Musiker sind. Das habe ich erst hier im Orchester bemerkt.« Auch ein Weg.

wbg: Das ist ein großartiges Beispiel. Und Barenboim führt uns auch noch zu einem anderen Punkt, nämlich, dass wir viel zu wenige Orte haben, wo das Etwas-miteinander-Tun im Mittelpunkt steht, und das möglichst mit Menschen, die mir zuvor fremd gewesen sind. Egal ob virtuell oder im realen analogen Leben: diese wirklichen Begegnungen, wo Menschen aus verschiedenen Lebenszusammenhängen und mit verschiedenen Hintergründen zusammenkommen und etwas miteinander schaffen.

FM: Ja, genau das ist wichtig: Die musizieren zusammen, die leben eine Zeit lang zusammen, die machen Proben, die bereiten eine Konzertreise vor, die reisen auch zusammen. Sie machen was, und sie schaffen auch was.

Und dazu kommt die ganz große Herausforderung, dass sie auch Workshops und Diskussionen haben, und zwar zu den ganz brisanten Themen. Die sollen ja nicht unter den Tisch gekehrt werden durch das gemeinsame Musizieren, sondern im Gegenteil. Diese Begegnungen sollen ja dazu führen, dass Menschen sich mehr trauen, auch über große Differenzen und Streitpunkte miteinander zu reden. Da passierte es auch schon mal, dass es Hassausbrüche gab. Dann kam vieles hoch, und das Ganze drohte zu zerbrechen. Aber nein, sie haben die Kurve gekriegt, und dann wurde gut musiziert und dann ging es wieder weiter. Schicht für Schicht.

wbg: Ein Orchester ist ein wunderbares Beispiel – aber auch ein sehr voraussetzungsreiches. Theater ist auch ein schönes Beispiel mit all den unterschiedlichen Talenten, die man für die Aufführung eines Stückes braucht.

MW: Volkshochkneipe: Ich lasse das Stichwort Volkshochkneipe hier fallen als den utopischen Ort, den ich schon beschrieben habe und mir wünsche.

Und es gibt noch zwei Dinge, die ich einstreuen möchte: Erstens glaube ich nicht, dass wir heute wirklich mehr in Filterblasen leben als früher. Im Gegenteil glaube ich, dass viele Konflikte im Internet gerade deshalb entstehen, weil vieles, was früher eine Filterblase war, jetzt hier aufeinandertrifft. Früher war zum Beispiel der migrantische Diskurs sehr viel stärker getrennt vom intellektuellen deutschen Diskurs. Heute kommt das im Netz zusammen, und dann kommt es zu Konfrontationen. Es ist also nicht alles negativ.

Aber ich glaube auch: Die Orte, die sind super wichtig. Es macht eben einen Unterschied, ob ich zusammenkomme in einer Talkshow und dort so diskutiere, wie wir 2015 diskutiert haben über die »Flüchtlingswelle«. Da saßen beide Seiten, die Rassisten und die Nicht-Rassisten. Das ist ein Unterschied, wenn ich performativ in einer Talkshow Menschen zusammenbringe, um über das Thema Rassismus zu sprechen. Das ist in sich ein destruktiver Austausch, der kann nicht zu etwas Gutem führen. Anders ist es, wenn ich mich mit Menschen im Privaten unterhalte, wo die Motivationslagen völlig anders sind, die Art des Austauschs und die Themen, über die ich dann tatsächlich rede. Da geht es nicht um die Frage: »Haben Menschen das Recht, hier zu sein?« Das kann nicht das Gesprächsthema sein, genauso wie es nicht das Gesprächsthema mit Antisemiten sein kann: »Haben Juden ein Recht auf Leben?« Mein Gesprächsthema mit jemandem in meinem persönlichen Umfeld, der Antisemitismus verbreitet, wäre eher: »Wie geht's dir? Wie fühlst du dich? Was brauchst du?«

DIE ZEIT DRÄNGT – HABEN WIR TROTZDEM NOCH ZEIT ZUM NACHDENKEN?

MARINA WEISBAND

Das Gespräch mit Frido Mann hat uns von den großen Höhen der Geopolitik, ihrer strategischen Interessen und Systemkonflikte bis in die vertrauten Winkel unserer Kindergärten, Wohnviertel und Arbeitsplätze geführt. Von den Ideen der Aufklärer im 18. Jahrhundert über die Wirren des Nationalsozialismus bis nach heute. Und morgen. Manchmal hatten wir dabei das Gefühl, einfach über alles zu sprechen – selbst über Dinge, die man noch nicht ganz versteht, an die man sich nur herantastet – weil eben alles zusammenhängt.

Dass die Klimakrise und Krieg und Kapitalismus zusammenhängen, verleitet dazu, alle Probleme als apokalyptischen Klumpen zu begreifen, als gordischen Knoten, den man lösen muss. Wenn wir dagegen sagen: »Demokratie keimt im Kleinen« – haben wir angesichts aller Probleme auf der Welt überhaupt die Zeit, sie keimen zu lassen? Haben wir die Zeit, Menschen Selbstwirksamkeitserfahrungen zu geben, lokale Solidarität zu entwickeln, öffentliche Plätze zu bauen und zu warten, bis diese Menschen nach und nach die falschen Anreize unserer Systeme umbauen?

Ja und nein. Es gibt viel zu tun. Und es ist dringend. Aber es gibt auch eine ganze Menge Menschen, die in den verschiedensten Bereichen bereits Ideen entwickeln und für sie kämpfen. Manche gehen für das Klima auf die Straße. Manche forschen. Manche machen Gesetze zur Regulierung. Manche Menschen vermitteln Kindern Bildung und geben ihnen Selbstvertrauen. Manche schaffen Generationenbegegnungen. Manche streiken. Manche pflegen.

Auch wenn man bisweilen das Gefühl hat, in einer apokalyptischen Zeit zu leben, in der alles irgendwie kriselt, so sind es doch einzelne, wenn auch zusammenhängende Probleme. Und wir sind viele einzelne, aber zusammenhängende Menschen. Und das ist die Stärke demokratischer Systeme. Denn diese geben den Menschen, jedem in seiner Expertise, die Macht, auf das System zu wirken.

Die Demokratie, wie wir sie kennen, wird es in einer recht kurzen Weile nicht mehr geben. Im schlimmsten Fall verfällt sie der Verlockung des Populismus, der einfachen Lösungen, dem Verschanzen hinter Gruppenidentität und dem Wunsch nach Führung. Aber im besten Fall entwickelt sie sich weiter. Zu einer Form, die der Komplexität unserer Zeit besser begegnen kann. Die international besser vernetzt ist, um die Probleme der gesamten Menschheit angehen zu können. Die jedem einzelnen Menschen mehr Würde, mehr Freiheit und mehr Selbstwirksamkeit lässt.

In welche Richtung es geht, das entscheiden wir. Jetzt. Heute. Mit jeder Ermunterung, jeder Begegnung und jeder Frage an den Status Quo. Ob eine Oma in Kyiv eine Drohne mit einem Gurkenglas abwirft oder ein Lehrer sich Zeit für einen stillen Schüler mit häuslichen Problemen nimmt – alle haben selbst in ihrem engsten Umfeld die Möglichkeit, für das zu kämpfen, woran sie glauben. Und das wächst.

Ich moderierte mal ein Podium, auf dem auch einer unserer aula-Schüler saß. Ich fragte ihn, was ihm Hoffnung mache. Er sagte: »Naja, die Menschheit ist ja noch jung. Wir lernen noch viel.«

Das ist, was ich mir vornehme.